I0068851

OBSERVATIONS

PRÉSENTÉES

PAR LA FACULTÉ DE DROIT

DE CAEN

SUR LE PROJET DE LOI DE M. DELSOL

CONCERNANT

LES DROITS DE L'ÉPOUX SURVIVANT

CAEN

TYP. DE F. LE BLANC-HARDEL, IMPRIMEUR-LIBRAIRE

RUE FROIDE, 2 ET 4.

—

1875

OBSERVATIONS

PRÉSENTÉES

PAR LA FACULTÉ DE DROIT

DE CAEN

SUR LE PROJET DE LOI DE M. DELSOL

CONCERNANT

LES DROITS DE L'ÉPOUX SURVIVANT

CAEN

TYP. DE F. LE BLANC-HARDEL, IMPRIMEUR-LIBRAIRE

©

DÉPÔT LÉGAL
Calvados
N° 18

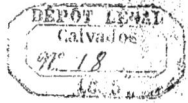

OBSERVATIONS

PRÉSENTÉES

PAR LA FACULTÉ DE DROIT DE CAEN

SUR LE PROJET DE LOI DE M. DELSOL

CONCERNANT LES DROITS DE L'ÉPOUX SURVIVANT

MONSIEUR LE GARDE-DES-SCEAUX,

Par une lettre du 14 août 1873, votre prédécesseur a transmis à M. le Doyen la proposition de loi de M. Delsol ayant pour but de modifier les droits de l'époux survivant sur la succession 'de son conjoint prédécédé, et l'a invité à soumettre à la délibération de la Faculté les modifications proposées.

La Faculté tient avant tout à vous exprimer, Monsieur le Ministre, ses remercîments de ce retour à des traditions un peu oubliées.

En consultant sur les projets de lois importants les grands corps judiciaires et les facultés de droit le Gouvernement se renseigne auprès de ceux qui sont chargés d'appliquer la loi et de ceux qui sont chargés de l'enseigner.

La discussion sera éclairée par les travaux émanant de cette double source, et le vote de la loi aura lieu en pleine connaissance de cause.

La Faculté ne peut qu'applaudir à cette mesure qui est, pour l'Université, une marque de confiance et d'estime.

Elle vous en témoigne, Monsieur le Garde-des-Sceaux, toute sa gratitude.

La Faculté de Droit de Caen a examiné le projet de loi de M. Delsol; elle a délibéré et nommé un de ses membres chargé de rédiger le rapport rendant compte des solutions admises par elle.

Ce rapport a été ensuite soumis à l'approbation de la Faculté.

Tout d'abord, une question s'est présentée à notre esprit.

Est-il opportun de toucher actuellement à l'édifice de notre Opportunité de la réforme proposée. législation civile ?

Ne peut-on pas craindre, par des réformes partielles, de porter atteinte à l'harmonie du Code civil, et de jeter le trouble dans l'économie générale de cette œuvre impérissable ?

Sans doute, quelque puissantes que puissent être les traditions, quelle que soit la réserve avec laquelle il faut toucher à ce qui est consacré par l'expérience, la théorie du fait accompli n'est pas une raison suffisante, et ne serait, poussée à l'extrême, que la négation même du progrès.

Mais il n'en est pas moins vrai qu'il y a un danger, et qu'il faut se garder de deux écueils.

Le premier consiste à introduire dans le Code des conséquences de détail produites par des principes contraires au principe général qui le domine.

Le second consiste à choisir, pour opérer des réformes, des temps plus ou moins troublés, où le calme nécessaire à cette œuvre ne règne pas assez, où des préoccupations plus graves détournent l'attention, où les passions politiques se mêleront, avec leur ardeur, aux questions civiles elles-mêmes, et pourront, par suite d'entraînements irréfléchis, commencer par détruire, sans pouvoir rééédifier solidement.

Au milieu de nos catastrophes, notre législation civile est demeurée debout, et l'on peut dire, sans orgueil mal placé, qu'elle nous est enviée par d'autres pays.

La Faculté reconnaît qu'il y a des modifications à y introduire, des réformes plus urgentes même que celle qui est proposée ; mais elle préférerait que ces réformes ne fussent pas opérées partiellement, l'une aujourd'hui, l'autre demain. Elle émettrait le vœu qu'une revue d'ensemble de nos lois civiles fût entreprise sans idées préconçues d'innovation, avec le recueillement et la maturité nécessaires pour une œuvre de cette importance ; que les points défectueux fussent retouchés, les améliorations indiquées par l'expérience introduites, les grandes controverses tranchées législativement, de manière à donner à la France, non un corps de lois nouveau, mais une édition corrigée, retouchée, et perfectionnée de notre Code civil.

Or, il est incontestable pour la Faculté, que le temps n'est pas encore venu où, dégagé d'autres devoirs plus impérieux, ayant donné à ses institutions politiques une forme durable et définitive, notre pays sera mûr pour une telle œuvre.

La Faculté a donc pensé que, en attendant, il est préférable de ne pas ouvrir la voie, fût-ce sur un point secondaire, aux réformes de détail.

Parmi les lois civiles touchant à la fois et aux intérêts économiques et aux questions politiques, la loi des successions est une des premières, si ce n'est pas la première de toutes.

La loi des successions et celle qui régit les dispositions à titre gratuit sont liées l'une à l'autre.

La dispersion des fortunes, ou leur réunion sur moins de têtes, la question économique, politique et sociale des substitutions, la limite de la liberté de tester, tout cela constitue le plus grave et le plus redoutable problème.

La loi successorale, celle régissant les dispositions à titre gratuit, touchent au principe même des sociétés.

Société aristocratique : concentration des fortunes , instrument de force et de puissance , perpétuation des familles , liberté de tester sans limites ou du moins restriction de la réserve , substitutions autorisées.

Société démocratique : dispersion des fortunes, par suite, activité fiévreuse pour acquérir de la part de tous , mobilité des fortunes acquises, mais aussi intérêt du plus grand nombre à la conservation et au respect de la propriété ; les familles moins durables, s'oubliant plus vite dans les élévations et les chutes successives , mais aussi plus d'initiative , plus d'égalité entre les individus ; liberté de tester limitée par la réserve, substitutions prohibées.

La loi des successions et celle relative aux dispositions à titre gratuit touchent donc sans contredit aux principes mêmes de la société. Elles en sont une des bases fondamentales.

Avant d'y porter la plus légère atteinte , il faut savoir ce que l'on veut , il faut que la constitution politique du pays soit faite d'une manière définitive. C'est alors que l'on pourra , connaissant le but , étudier le fort et le faible de nos lois actuelles et examiner s'il y a ou s'il n'y a pas à y opérer des réformes plus ou moins étendues , plus ou moins restreintes.

La Faculté n'a pas à se prononcer sur cette question.

Mais ce qu'elle constate , et ce qu'elle est unanime à constater, c'est que, pour elle, il y a un danger immense à toucher, fût-ce sur un point secondaire, à notre loi des successions.

Tout en étant d'avis qu'il n'y a pas lieu d'effectuer en ce moment la réforme proposée, la Faculté va , sans le bénéfice des observations qui précèdent, indiquer comment, d'après elle, doivent être réglés les droits du conjoint survivant sur la succession de son conjoint prédécédé.

La position qui lui est faite par le Code civil se résume ainsi :

Comme héritier, le conjoint est l'avant-dernier. Il passe avant l'État, mais il est exclu par tous les autres successeurs, réguliers ou irréguliers (art. 767).

Le conjoint peut, soit par contrat de mariage, soit par donation entre-vifs ou par testament, recevoir de son conjoint des avantages dans la limite de la quotité disponible entre époux, fixée par les art. 1094 et 1098.

Ces dispositions sont, en fait, d'usage dans les contrats de mariage, et il est presque de style, en Normandie, que le contrat contienne au profit du survivant une donation en usufruit dans les limites du disponible.

Est-ce intentionnellement que notre Code civil n'a conféré aucun droit au conjoint en l'absence de toute donation, en dehors de ce droit illusoire qui le fait venir à l'avant-dernier rang ?

Pour soutenir la négative, on invoque ce qui se passa au conseil d'Etat dans la séance du 9 nivôse de l'an XI.

M. Malleville, ayant demandé qu'on attribuât à l'époux survivant un gain de survie, M. Treilhard répondit que, « déjà le conjoint « était appelé à l'usufruit du tiers des biens, en vertu de l'article 55. »

Or, l'art. 55 du projet n'avait aucune relation avec cette question, et l'art. 40, devenu l'art. 754 du Code civil accorde, non à l'époux, mais au père ou à la mère survivante, l'usufruit du tiers des biens auxquels elle ne succède pas en propriété.

Personne ne releva l'assertion de M. Treilhard, et la question ne fut pas autrement examinée.

Faut-il conclure de ces faits que les rédacteurs du Code avaient partagé l'erreur de M. Treilhard ?

Ce serait conjectural.

Quoi qu'il en soit, aucun texte du Code n'attribue au conjoint survivant de droit sur la succession de son conjoint prédécédé autre que celui de l'art. 767.

La question fut reprise en 1849 sur la proposition de M. Bourzat, qui demanda l'établissement d'une réserve pour le conjoint pauvre, portant sur l'usufruit, ou d'un droit de pleine propriété dont l'usufruit seul était réservé, suivant la qualité des héritiers du défunt.

Tentative de réforme en 1849.

L'Assemblée renvoya cette proposition à une Commission spéciale, et le rapport présenté par M. Victor Lefranc en 1851, concluait à ce qu'il ne fût accordé au conjoint survivant, s'il était dans le besoin, qu'une pension alimentaire contre la succession de son conjoint prédécédé.

Tels sont les précédents, depuis le Code, de la question soulevée par le projet de loi.

En dehors de la règle générale, la situation du conjoint survivant a été améliorée dans deux hypothèses spéciales :

Amélioration de la situation du conjoint survivant dans deux hypothèses spéciales.

1° En ce qui concerne le droit qu'on est convenu d'appeler propriété littéraire ou artistique ;

2° En ce qui concerne les déportés à la Nouvelle-Calédonie.

PROPRIÉTÉ LITTÉRAIRE ET ARTISTIQUE.

Le décret du 5 février 1810, applicable aux ouvrages imprimés et gravés, et non aux ouvrages dramatiques, accorde un droit viager à la veuve de l'auteur, « *si les conventions matrimoniales* de celle-ci lui en donnent le droit.

De là une controverse sur le point de savoir si ce texte visait le régime de la communauté ou exigeait une clause expresse dans le contrat de mariage.

Ce droit viager accordé à la veuve ne s'appliquait pas au mari survivant relativement aux ouvrages de sa femme.

Une loi du 3 août 1844 accorda à la veuve et aux héritiers d'un auteur dramatique le droit d'autoriser des représentations, pendant 20 ans après la mort de l'auteur.

La loi des 8-19 avril 1854 ne toucha pas aux droits de la veuve.

La loi des 14-19 juillet 1866 fixe à 50 années après le décès de l'auteur le droit du survivant et des héritiers. Le droit est accordé non pas seulement à la veuve, mais au conjoint survivant en général. Il est accordé quel que soit le régime matrimonial. C'est un droit de jouissance prenant fin même avant les 50 années par la mort du conjoint survivant. C'est un droit de jouissance réductible, si le conjoint prédécédé laisse des héritiers à réserve. Ce droit ne constitue pas une réserve au profit du conjoint survivant, et le conjoint a pu disposer de son droit à titre gratuit au profit de qui il a voulu et à l'encontre de son conjoint.

Enfin ce droit de jouissance est enlevé au conjoint survivant :

1° S'il y a eu séparation de corps prononcée contre lui ;

2° En cas de convol.

DÉPORTÉS A LA NOUVELLE-CALÉDONIE.

La loi du 25 mars 1873, qui règle leur condition, attribue au conjoint survivant : 1° dans le cas où il n'existe pas de descendants légitimes, la 1/2 des biens que le déporté aurait acquis dans la colonie, et des terres dont il aurait obtenu la concession à titre définitif ; 2° dans le cas où il existerait des descendants légitimes, l'usufruit du 1/3 de ces biens.

Déportés à la Nouvelle-Calédonie.

Tel est notre droit. Ce qu'il importe de remarquer, c'est que, dans les deux matières exceptionnelles où le droit du conjoint a été étendu, il y a pour cela des motifs spéciaux.

Motifs spéciaux de la situation faite au conjoint dans les deux hypothèses exceptionnelles ci-dessus prévues.

Pour la propriété littéraire et artistique, le conjoint a pu souvent contribuer, par son aide, ses conseils, à l'œuvre de son conjoint.

Pour les biens acquis par le condamné à la Nouvelle-Calédonie, le conjoint a contribué à cette acquisition par son travail, son économie. Il faut d'ailleurs le récompenser du sentiment qui l'a conduit à accompagner sur la terre d'expiation son conjoint coupable. Il faut enfin, dans l'intérêt de la colonie, favoriser les unions des déportés, et la vie de famille qui peut seule les moraliser et les attacher au sol. C'est là ce qui explique ce droit exorbitant de propriété attribué au conjoint survivant, mais restreint au cas où il habitait avec le condamné.

Telle est notre législation.

2

LÉGISLATIONS ANTÉRIEURES AU CODE CIVIL ET LÉGISLATIONS MODERNES ÉTRANGÈRES.

Législations an-térieures au Code civil et législations modernes étran-gères.

Il n'est pas inutile de jeter un coup d'œil sur les législations antérieures au Code civil et les législations modernes des pays étrangers, afin de rechercher comment la question a été comprise et résolue.

Les droits de l'époux survivant peuvent consister : 1° en droits de propriété; 2° en droits de simple jouissance; 3° en un droit alimentaire.

Ces droits peuvent être considérés comme des droits de succession ou ne pas être rangés au nombre des droits successo-raux.

Pour résumer méthodiquement les solutions données, nous examinerons d'abord les législations antérieures au Code civil, et en second lieu, les législations modernes de l'étranger.

LÉGISLATIONS ANTÉRIEURES AU CODE CIVIL.

Législations an-térieures au Code civil.

Les législations antérieures au Code civil sont de trois sortes : 1° le droit romain et le droit des provinces de droit écrit; 2° le droit des provinces contumières; 3° le droit intermédiaire.

1° DROIT ROMAIN ET DROIT DES PROVINCES DE DROIT ÉCRIT.

Droit romain et droit des provinces de droit écrit.

Les droits conférés au conjoint survivant peuvent revêtir un double caractère : ils peuvent consister d'abord dans des droits successoraux ; ils peuvent aussi être de simples gains de survie.

DROITS SUCCESSORAUX.

Droit romain.

Dans l'ancien droit romain, lorsque le mariage était contracté avec *manus*, la femme était réputée la fille du mari, et héritait à ce titre.

Dans le mariage libre, sans *manus*, la femme survivante n'avait aucun droit de succession.

Le mari ne succédait jamais à la femme prédécédée. Mais dans le mariage avec *manus*, il avait un droit plus puissant; il devenait propriétaire de tous ses biens et lui succédait en réalité de son vivant.

La *manus* tomba en désuétude. Le préteur introduisit la *bonorum possessio unde vir et uxor*. L'époux survivant succédait au prédécédé, mais il ne venait qu'à l'avant-dernier rang, avant le fisc.

Une constitution impériale avait admis le conjoint survivant à primer certains cognats. Mais elle fut abrogée plus tard par une autre constitution,

La novelle 53 (ch. VI), de l'an 537, créa la *quarte du conjoint pauvre*, donnant au conjoint survivant dans l'indigence droit au 1/4 des biens de son conjoint riche, *locuples*. Et ce droit existait même si le conjoint prédécédé laissait des enfants. Ce 1/4 était attribué en pleine propriété.

La novelle 117 (ch. V) réduisit la quarte à 100 livres d'or, au maximum, supprima la quarte pour le mari survivant, et ne la laissa subsister qu'au profit de la femme.

De plus, elle limita le droit à une part d'enfant en usufruit, quand le mari laissait plus de 3 enfants.

La novelle 106, de Léon le Philosophe, rétablit le 1/4 en propriété, quel que fût le nombre des enfants.

Ancien droit. Pays de droit écrit.

Ancien droit. Pays de droit écrit.

Dans les pays du droit écrit, on appliquait le droit romain, mais modifié en ce sens : 1° que la quarte du conjoint pauvre n'était qu'en usufruit en présence d'enfants du *de cujus* ; 2° que le droit était, comme dans la novelle 53, attribué au mari survivant comme à la femme survivante.

Mais depuis 1737, il y eut dans le ressort des Parlements de Toulouse, Aix, Bordeaux et Grenoble des résistances, et l'on décida que le conjoint n'avait pas droit à la quarte.

En dehors de la quarte, les conjoints se succédaient à défaut de parents légitimes, et le droit de succession n'était pas attaché à la pauvreté.

GAINS DE SURVIE LÉGAUX.

Gains de survie légaux.

Droit romain.

Droit romain.

En droit romain, la dot *profectice*, celle qui était constituée par un ascendant paternel lui était rendue après la dissolution du mariage.

Mais le mari, quand la femme prédécédait, avait le droit de retenir un cinquième par enfant.

Le mari ne gardait la dot que lorsqu'il survivait à la fois à sa femme et au père de sa femme.

Le mari, jusqu'à Justinien, gardait au contraire la dot *adventice*, qu'il y eût ou n'y eût pas d'enfants du mariage.

Justinien lui a retiré le droit de bénéficier de la dot *adventice* au décès de sa femme, tout en permettant des pactes à ce sujet.

Mentionnons ici que les mêmes gains de survie stipulés pour la dot *adventice* appartenaient à la femme sur la donation *propter nuptias*.

Ancien droit. Pays de droit écrit.

Dans la plupart des ressorts, la femme survivante avait, de plein droit et sans stipulations, un droit connu sous le nom d'*augment de dot*, c'est-à-dire que la femme avait droit, sur les biens du mari, à une valeur proportionnelle à la dot par elle apportée. Dans certaines localités, et notamment dans le ressort du Parlement de Toulouse, l'*augment* était égal à la 1/2 de la dot ; il consistait en propriété s'il n'y avait pas d'enfants; il ne consistait qu'en usufruit s'il y avait des enfants.

Ancien droit. Pays de droit écrit.

A Bordeaux, l'augment était du double de la dot pour le premier mariage. En cas de second mariage de la femme, il n'était plus que du tiers.

Bien que l'augment ne fût qu'un usufruit quand il y avait des enfants, la femme avait en propriété une part d'enfant, qui, à sa mort, retournait aux enfants issus du mariage.

Dans certains pays, l'augment n'existait pas de plein droit. Il devait être stipulé.

Tels étaient les droits de la femme survivante.

Quant au mari survivant, il avait un gain de survie correspondant, qu'on appelait *contre-augment*.

Le mari survivant gagnait en général la dot tout entière, en propriété s'il n'y avait pas d'enfants, en usufruit, dans le cas contraire, tout en ayant encore dans ce cas une part d'enfant en propriété, mais devant à sa mort, retourner aux enfants issus du mariage.

Certaines coutumes n'accordaient au mari, même en l'absence d'enfants, qu'un droit d'usufruit.

D'autres n'admettaient pas le contre-augment du mari, tout en accordant à la femme *un augment.*

Enfin, d'autres coutumes ne reconnaissaient point d'augment ou de contre-augment, tout en permettant l'*augment* et le *contre-augment* conventionnels.

Droit des provinces coutumières.

2° DROIT DES PROVINCES COUTUMIÈRES.

. Droit des Francs.

DROIT DES FRANCS.

Droits successoraux.

Droits successo-raux.

D'après le droit des Francs, y avait-il un droit de succession entre époux ? Deux textes l'établissent. La loi des Visigoths et la loi des Bavarois appelaient le conjoint survivant à la succession de son conjoint prédécédé, lorsque ce dernier ne laissait pas de parents au septième degré.

Gains de survie.

Gains de survie.

Chez les Francs, le mari apportait une dot à la femme. Cette dot était légale à défaut de convention. La femme l'acquérait en cas de survie. D'après la loi des Burgundes, elle n'en avait que l'usufruit, s'il y avait des enfants issus de l'union. S'il n'y en avait pas, elle avait la 1/2 en usufruit, et la 1/2 en propriété. Les Capitulaires des rois Francs consacrèrent le principe de la loi des Burgundes.

La femme pouvait apporter une dot, elle aussi, mais cet apport n'était pas légal. Il était simplement conventionnel. Le mari gagnait cette dot en cas de survie.

Plus tard, fondant ensemble la dot apportée par le mari à la femme, et le don volontaire appelé *morgengabe*, l'Église, dans le concile d'Arles de 524, fit prévaloir la maxime : *Nullum sine dote fiat conjugium*. La dot devint alors obligatoire, et fut fixée sur la fortune du mari. Elle prit alors le nom de douaire. Ce douaire variait comme quotité. Il n'était qu'en usufruit seulement quand il y avait des enfants. La date de l'introduction du douaire *légal* est controversée.

Des restrictions et même des privations complètes de certains droits étaient établies en cas de second ou subséquent mariage.

ÉPOQUE FÉODALE.

Époque féodale.

Droits successoraux.

A l'époque féodale, les assises de Jérusalem semblent donner à l'épouse survivante le 1er rang comme héritière, avant tous les parents; mais il est possible et probable même que cette disposition était exceptionnelle et ne s'appliquait qu'aux femmes des Croisés.

Droits successoraux.

Aucun texte, en dehors de celui dont il vient d'être question, n'appelle le conjoint survivant même avant le fisc.

Gains de survie.

Le douaire fut établi pour les femmes nobles d'abord, ensuite

Gains de survie.

pour les femmes roturières et bourgeoises. Sans entrer dans les détails, nous pouvons constater que le douaire légal ne portait que sur les immeubles.

La quotité du douaire était moindre en général pour la veuve noble que pour la veuve roturière. Les établissements de St-Louis accordent le 1/3 à la première, la 1/2 à la seconde. Cependant les assises de Jérusalem et les anciens usages de l'Artois accordent également 1/2 à la veuve noble. L'ancienne coutume de l'Anjou, le grand coutumier de Normandie, et l'ancienne coutume de Bretagne n'accordent à la veuve, soit noble, soit roturière, qu'un tiers.

La jurisprudence du Châtelet de Paris, l'ancienne coutume de Paris, et la coutume réformée donnent 1/2 à la veuve, sans distinction de qualité.

Le douaire ne porte que sur les biens existants au moment du mariage et ceux provenus depuis, au mari, de successions en ligne directe.

Le douaire ne donne à la veuve qu'un droit d'usufruit.

Sauf quelques dispositions spéciales, un second mariage ne faisait pas perdre le douaire à la veuve.

Droit coutumier proprement dit.

DROIT COUTUMIER PROPREMENT DIT.

Droits successoraux.

Droits successoraux.

Le conjoint survivant ne venait qu'avant le fisc (v. coutumes de Paris et d'Orléans). Dans le Maine, l'Anjou, il était primé même par le fisc.

Gains de survie.

Gains de survie.

Le douaire légal était admis, sauf dans certaines coutumes; mais la femme, là même où existait le douaire légal, pouvait y renoncer au moment du mariage. Le douaire légal ne pouvait être enlevé à la femme par la volonté du mari.

Le douaire légal, en général, était reconnu au profit de la veuve noble ou roturière.

Cependant, dans certaines coutumes, il n'était reconnu qu'au profit de la veuve noble; dans d'autres, il ne pouvait être réclamé par la veuve noble qui, au moment du mariage, avait hérité de ses parents.

La coutume de Bourgogne privait du douaire la femme commune qui renonçait à la communauté.

Le douaire ne conférait qu'un droit d'usufruit et portait sur les biens appartenant au mari au moment du mariage ou échus depuis par succession en ligne directe.

Dans certaines coutumes, les conquêts seuls étaient exclus du douaire.

Certaines coutumes admettaient que, lorsque le mari ne possédait pas de biens au moment du mariage et n'avait recueilli depuis aucune succession en ligne directe, la femme survivante avait en douaire le 1/4 en usufruit de la part de conquêts attribuée aux héritiers du mari, et à défaut de conquêts immobiliers, le 1/4 en propriété des meubles du mari.

La coutume du Bourbonnais, dans le même cas, donnait à la veuve survivante la 1/2 en usufruit des meubles et conquêts échus aux héritiers du mari.

La quotité du douaire ordinaire variait. Dans la plupart des coutumes, il était de 1/2 des biens sur lesquels il pouvait porter.

Il était du 1/3 seulement dans l'Anjou, le Maine, le Poitou.

3

A Calais, il était de 1/2 sur les biens de roture, du 1/3 sur les fiefs.

Dans le Boulenois, c'était l'inverse. En Touraine, il était de la 1/2 ou du 1/3, suivant la qualité de la douairière.

La coutume de Bourgogne basait le douaire de la veuve roturière sur le chiffre de sa dot. Il était du 1/3 en usufruit de la valeur de cette dot.

En dehors du douaire, lorsque le régime matrimonial était celui de la communauté, il y avait un préciput légal au profit du survivant quand il n'y avait pas d'enfants. Ce droit n'existait qu'au profit des nobles. Il s'exerçait sur les meubles situés hors Paris et les faubourgs.

Il faut encore mentionner le droit de dévolution par lequel, quand il y avait des enfants issus du mariage, les propres du survivant ne lui appartenaient plus qu'en usufruit seulement pour revenir à ces enfants exclusivement, s'il y avait un 2ᵉ mariage, à l'exclusion des enfants issus de ce second mariage. Ce droit de dévolution n'existait que dans les provinces du Nord et de l'Est.

Dans la plupart des pays admettant le droit de dévolution, le survivant avait l'usufruit universel des immeubles du conjoint prédécédé et les meubles de la communauté appartenaient tous en propriété à ce conjoint survivant.

Enfin, dans les coutumes d'Arras, Lille, Douai, Cambrai, Valenciennes, on connaissait un droit nommé *entravestissement* ou *ravestissement*.

Ce droit donnait au survivant des époux mariés sous le régime de communauté la pleine propriété de la part du conjoint prédécédé dans les meubles et immeubles de la communauté. Le conjoint survivant excluait même les enfants. Ce droit était d'autant plus grave que, dans ces coutumes, la communauté comprenait les immeubles des époux existant au jour du mariage. Ce droit d'entravestissement était réduit à la propriété des meubles si le survivant se remariait. Ce gain de survie n'avait lieu que pour le premier mariage ayant donné des enfants.

Tels étaient les gains de survie légaux du conjoint survivant.

L'édit des secondes noces ne s'appliquait pas aux gains de survie légaux en usufruit ; mais il privait de tout droit de propriété le conjoint qui se remariait et l'obligeait à conserver les biens provenant des gains de survie aux enfants du premier mariage.

APPENDICE.

Nous avons étudié le système général de nos provinces coutumières. Nous avons laissé de côté la Normandie, parce qu'il nous semblait naturel, pour la Faculté de Droit de Caen, de s'appesantir un peu plus sur l'ancienne législation normande que sur les autres.

Coutume de Normandie.

Nous étudierons d'abord les droits de succession, et ensuite les gains légaux de survie (v. Coutume, art. 329, 330, 331, 367, 370, 371, 374, 376, 377, 380, 382 à 384, 389 à 393, 427 ; v. également Placités, art. 72, 80, 87, 106 ; v. Usages locaux de la vicomté de Beaumont-le-Roger et d'Harcourt, de Conches, de Breteuil, de Gisors, d'Andelys, de Lyons, d'Alençon, de Verneuil, de Bayeux, de Caen, du ressort de Gournay, de Montivilliers, d'Arques ; v. arrêt, 13 janvier 1701).

DROITS DE SUCCESSION.

En Normandie, le conjoint survivant n'héritait pas même avant le fisc, en tant qu'il s'agissait des immeubles propres.

La coutume n'admettait pas la communauté.

Les conquêts appartenaient au mari, mais la femme survivante en avait la 1/2 en propriété, s'il s'agissait de conquêts faits *en bourgage*, et soit la 1/2 en propriété, soit la 1/2 en usufruit, soit le 1/3 en usufruit suivant les localités pour ceux faits *hors bourgage*.

Le mari survivant avait, outre son droit au reste des conquêts, l'usufruit pendant sa vie de la part de conquêts attribuée en propriété à sa femme.

Pour les conquêts situés à Caen, la veuve n'avait que l'usufruit de 1/2 des conquêts.

A Bayeux, au contraire, la femme jouissait en usufruit de la totalité des conquêts sis à Bayeux.

Remarquons que la répartition des conquêts était obligatoire et qu'on ne pouvait déroger par des conventions particulières, ou le traité de mariage, aux règles de la coutume et des usages locaux sur ce point.

Telles étaient les règles relatives aux conquêts.

En ce qui concerne les meubles des époux, il y avait en Normandie 2 règles :

D'après la 1re, les meubles échus à la femme pendant le mariage appartenaient au mari pendant ce mariage. Mais il était obligé d'en employer la 1/2 en rentes ou immeubles, et cette 1/2 revenait à la femme ou à ses héritiers, à la dissolution.

D'après la 2°, la femme avait, après la mort du mari, droit au 1/3 des meubles de sa succession s'il existait à ce moment des enfants de son mari; s'il n'y en avait pas, ou s'il n'y avait que des filles mariées, elle avait 1/2. A Conches, à Gisors et dans d'autres localités, la femme avait 1/2 des meubles en propriété, qu'il y eût ou non des enfants.

La femme séparée de biens n'avait point droit aux meubles, elle n'avait pas droit aux conquêts faits depuis la séparation.

GAINS DE SURVIE.

Il y avait pour la femme survivante le *douaire ;* pour le mari, le droit de *viduité.*

Gains de survie.

Le douaire ne s'appliquait qu'aux immeubles propres ; il s'appliquait de plus aux offices acquis depuis le mariage.

Douaire.

Le douaire pouvait porter sur des meubles dans un cas exceptionnel.

Lorsqu'un mari décédait sans enfants, et sans laisser d'immeubles, il pouvait léguer à sa femme le tiers des meubles autres que ceux formant la part de celle-ci.

Le douaire pouvait être préfix, c'est-à-dire fixé par le *Traité de mariage* à une quotité moindre que le douaire légal. Il ne pouvait le dépasser. Ainsi on admettait que le douaire pouvait être diminué par le traité de mariage.

Le mari ne pouvait diminuer par des actes de disposition le douaire une fois fixé par le traité ou la coutume.

Le douaire portait sur les immeubles appartenant au mari lors du mariage et sur ceux à lui advenus depuis par *succession directe*, et non collatérale. Il portait également, chose assez curieuse, sur les immeubles du père ou aïeul du mari ayant consenti au mariage qui décédait après le mari. Mais il ne portait que sur les biens que le père ou l'aïeul du mari possédaient au moment du décès de ce dernier, et sur la part que le mari aurait eue sur ces biens, s'il eût hérité de son père ou de son aïeul.

La quotité du douaire était d'un tiers en usufruit.

La femme ne perdait pas son douaire par un 2e mariage, au moins quand elle ne se remariait pas avant les 10 mois de veuvage.

Mais elle le perdait si, lors du décès de son mari, elle n'habitait pas avec lui, parce qu'elle l'avait abandonné sans cause raisonnable, ou qu'il y avait eu « *divorce* », c'est-à-dire séparation, par la faute de la femme. S'il avait eu lieu par la faute des deux, la femme avait droit à son douaire; le douaire pouvait être exigé avant la mort du mari, dès qu'il y avait séparation, ne fût-ce qu'une séparation de biens.

Droit de viduité.

Droit de viduité.   Le mari n'avait ce droit que s'il y avait eu des enfants issus de l'union, lors même que ces enfants étaient décédés au moment de la dissolution du mariage.

Le mari avait alors l'usufruit de tout le revenu de sa femme, à charge de subvenir aux besoins des enfants de celle-ci, s'ils étaient sans fortune, et d'aider à marier les filles ; mais il pouvait se décharger de cette obligation en abandonnant aux enfants le 1/3 du revenu.

Si le mari se remariait, il était réduit à l'usufruit du 1/3 des revenus.

Ce droit ne pouvait être enlevé au mari, si ce n'est bien entendu par le traité de mariage.

3° DROIT INTERMÉDIAIRE.

Les gains de survie légaux, préciput légal des nobles, entravestissement, etc., furent abolis, et la loi du 16 nivôse de l'an II ne les remplaça par aucun autre. La loi interprétative du 9 fructidor an II, décida que le douaire coutumier et l'augment de dot étaient abolis comme les autres gains légaux.

La loi de l'an II resta muette sur le droit de succession *ab intestat* du conjoint survivant.

Tel est l'historique rapide des législations qui ont précédé la nôtre.

L'idée générale qui ressort de cette étude, en laissant de côté le droit intermédiaire, qui ne peut être considéré sur ce point comme une œuvre faite à titre définitif peut se résumer en quatre observations :

1° Pas de droit de succession *ab intestat* entre époux si ce n'est en général au dernier rang avant le fisc, sauf 1° certains droits sur les meubles et les conquêts dans certains pays ; 2° dans les provinces de droit écrit la quarte du conjoint pauvre ;

2° Gains de survie légaux au profit du conjoint survivant et surtout de la femme survivante ;

3° Droits légaux du survivant consistant suivant les cas, les temps et les lieux, en propriété ou en usufruit, les droits d'usufruit ayant une prédominance sur les droits de propriété ;

4° Certaines restrictions en cas de second mariage dans l'intérêt des enfants issus de la première union, ne laissant en général subsister que des droits d'usufruit.

[marginal note: Droit intermédiaire.]

[marginal note: Résumé.]

Législations
modernes de
l'étranger.

LÉGISLATIONS MODERNES DE L'ÉTRANGER.

LÉGISLATIONS NE CONFÉRANT PAS D'AUTRE AVANTAGE QUE NOTRE CODE CIVIL AU CONJOINT SURVIVANT.

Législations ne
conférant pas d'au-
tre avantage que
notre Code civil au
conjoint survivant.

Seules parmi les législations modernes, celles du canton de Genève, du canton de Fribourg et de la Belgique suivent le système actuel de notre droit, et ne confèrent aucun avantage légal au conjoint survivant sur la succession de son conjoint prédécédé, si ce n'est de l'appeler à l'avant-dernier rang, c'est-à-dire avant le fisc. Il en était de même de la législation de la Grèce moderne ; mais cette législation est en voie d'être en entier renouvelée.

Autres législations.

Toutes les autres législations, sans exception, reconnaissent à l'époux survivant des droits plus étendus, mais de nature diffé-rente.

Les unes, et c'est le plus grand nombre, reconnaissent un droit d'usufruit ou de propriété suivant les cas.

D'autres ne reconnaissent qu'un droit d'usufruit.

Parmi ces législations, les unes établissent une réserve, les autres ne statuent que sauf l'effet des dispositions du conjoint prédécédé.

Enfin d'autres législations n'accordent au conjoint survivant de droits que s'il est dans le besoin, à titre alimentaire.

Mais ces législations se séparent elles-mêmes en 2 classes :
1° celles qui confèrent à titre alimentaire un droit de propriété ;

2° Celles qui ne reconnaissent qu'un droit d'usufruit ou jouis-sance viagère.

LÉGISLATIONS ACCORDANT UN DROIT DE PROPRIÉTÉ AVEC OU SANS RÉSERVE.

Les législations les plus favorables au conjoint survivant sont : 1° celle du Portugal ; 2° le nouveau Code civil du royaume d'Italie ; 3° la législation de la Saxe, de l'ancienne principauté de Saxe Weimar, du duché de Brunswik et de Hambourg ; 4° celle de la Suisse pour le canton du Tessin et celui de Berne.

Législations accordant un droit de propriété, avec ou sans réserve.

Portugal.

L'époux survivant succède seul, à l'exclusion des parents de son conjoint prédécédé autres que les descendants, les ascendants et les frères et sœurs germains.

Il est déchu de ce droit de succession en cas de séparation de corps judiciaire.

Portugal.

Nouveau Code civil du royaume d'Italie.

En présence d'enfants légitimes, l'époux survivant a droit à l'usufruit d'une part d'enfant sans que cette part puisse excéder le 1/4.

Nouveau Code civil du royaume d'Italie.

En présence d'autres parents, il a des droits de pleine propriété ; ces droits sont du 1/3 si le conjoint prédécédé laisse des ascendants ou des enfants naturels, du 1/4 s'il laisse à la fois des ascendants et des enfants naturels, des 2/3 s'il laisse des collatéraux jusqu'au 6° degré inclusivement, de la totalité s'il laisse des collatéraux plus éloignés.

L'époux survivant a une réserve en usufruit. Elle porte sur la totalité du droit à lui concédé, si le conjoint prédécédé laisse des enfants légitimes.

Elle est d'un 1/4 si le conjoint laisse des ascendants.

Elle est d'un tiers vis-à-vis de tous héritiers non réservataires.

4

Le conjoint survivant doit imputer sur son droit héréditaire , même sur la portion formant réserve, tout ce qu'il a reçu de son conjoint en vertu de donations et legs et par l'effet des conventions matrimoniales.

Il perd tout droit en cas de séparation de corps prononcée contre lui, mais non en cas de séparation de corps par consentement mutuel, admise en Italie.

Le convol ne fait pas perdre à l'époux survivant les droits dont il vient d'être question, sauf lorsqu'il s'agit de la veuve qui se remarie avant 10 mois de veuvage.

Saxe , ancienne principautédeSaxe Weimar, duché de Brunswik , Hambourg.

Saxe, ancienne principauté de Saxe-Weimar, duché de Brunswik, Hambourg.

Saxe.

Dans la Saxe, le conjoint survivant a droit au 1/4 en propriété si son conjoint laisse des descendants , au 1/3 s'il laisse des ascendants , frères ou sœurs ou descendants d'eux, à 1/2 s'il laisse des collatéraux jusqu'au 6ᵉ degré inclusivement, à la totalité s'il ne laisse que des parents plus éloignés.

La totalité du droit accordé au conjoint survivant forme une réserve à son profit.

Il est privé de tout droit pour indignité quand il a été *justement* exhérédé, ou bien encore en cas de séparation de corps prononcée contre lui.

Saxe-Weimar.

Dans l'ancienne principauté de Saxe-Weimar , le conjoint survivant a droit en propriété à une part d'enfant vis-à-vis de descendants , à 1/2 de la succession vis-à-vis d'ascendants ou de frères ou sœurs, à la totalité vis-à-vis des autres collatéraux.

La 1/2 de son droit *ab intestat* forme sa réserve.

Duché de Brunswik.

Dans le duché de Brunswik , il a les mêmes droits, sauf que : 1° il exclut les frères et sœurs ; 2° il n'a pas de réserve.

A Hambourg, le mari survivant a les 2/3 en propriété, même s'il y a des enfants; la femme survivante n'a que 1/2.

De plus, tant qu'il ne contracte pas de second mariage, l'époux survivant a la jouissance de tout ce qui ne lui est pas attribué en propriété, sauf son obligation de fournir des aliments aux enfants, et de les doter.

Suisse.

Canton du Tessin.

L'époux survivant exclut tous parents autres que les descendants, les ascendants, les frères et sœurs ou descendants d'eux.

L'époux survivant a droit, en présence d'enfants, à l'usufruit d'une part d'enfant; il a droit au 1/4 de la succession en propriété, en présence d'ascendants, ou de frères et sœurs ou descendants d'eux.

En plus de ces droits successoraux, le mari survivant, en présence d'enfants de sa femme issus d'un autre lit, a droit, sur la dot, à l'usufruit d'une part d'enfant; en présence d'enfants communs, à l'usufruit de toute la dot; en présence d'ascendants, de frères et sœurs ou descendants d'eux, à la propriété de cette dot.

Quant à la femme survivante, elle a droit à une contre-dot égale à la 1/2 de sa dot, en usufruit, s'il y a des enfants, en propriété dans le cas contraire.

Canton de Berne.

Le survivant, à défaut d'enfants, est le seul héritier.

S'il y a des enfants communs, le mari gagne tous les apports de sa femme.

La femme survivante a une part d'enfant.

S'il y a des enfants du 1er lit, le mari survivant prend la portion que la femme a eue dans le partage avec ces enfants du 1er lit.

La femme survivante a, même vis-à-vis d'enfants d'un autre lit, une part d'enfant.

L'époux qui se remarie rend aux enfants la 1/2 des biens par lui recueillis dans la succession de son conjoint prédécédé.

Le conjoint survivant a la même réserve qu'un enfant.

Autres législations conférant des droits de propriété. Les autres législations conférant des droits de propriété plus ou moins étendus sont : 1° dans les anciennes législations d'Italie, aujourd'hui remplacées par le nouveau Code civil, celles du Code Sarde, du duché de Parme et Plaisance; 2° les législations de l'Espagne et du Bas-Pérou ; 3° celles du droit commun Allemand, de la Prusse, du Wurtemberg, de Francfort, du Hanovre, de la Bavière ; 4° celle de l'Autriche ; 5° celle de la Russie ; 6° celle de la Hollande ; 7° celle du Danemarck ; 8° celles de la Suède et de la Norwége ; 9° celle de l'Angleterre ; 10° celle des États-Unis ; 11° celle de la Suisse, outre les cantons déjà cités, mais sauf les cantons des Grisons, du Valais, de Bâle et de Soleure.

Code Sarde et duché de Parme et de Plaisance.

1° **Ancienne législation d'Italie : Code Sarde, duché de Parme et de Plaisance.**

Code Sarde.

Code Sarde. Le Code Sarde donnait à l'époux survivant :

1° Un 1/4 en usufruit, s'il y avait moins de 4 enfants légitimes ;

2° Une part d'enfant en usufruit, s'il y en avait 4 ou davantage ;

3° *Un 1/4 en propriété*, en présence d'autres parents légitimes ou d'enfants naturels ;

4° Les 3/4 en propriété, si le conjoint prédécédé était un enfant naturel décédé sans postérité.

Deux causes privaient le conjoint de ces droits :

1° L'existence d'une séparation de corps prononcée contre lui ;

2° Le convol à un nouveau mariage.

Duché de Parme et de Plaisance.

Le conjoint survivant, en l'absence d'enfants, avait le 1/4 en usufruit. Il avait les 2/3 en propriété si le conjoint prédécédé était un enfant naturel décédé sans postérité. Il avait toujours comme réserve le 1/4 en usufruit.

Duché de Parme et de Plaisance.

2° Espagne et Bas-Pérou.

L'époux survivant ne succède comme droit de propriété, que s'il n'y a pas de collatéraux au 10° degré.

Espagne et Bas-Pérou.

Le conjoint survivant, quand il n'y a pas d'héritiers au 4° degré, a l'usufruit de tous les biens patrimoniaux, la propriété de tous les autres biens.

De plus, la femme, là où il n'y a pas communauté d'acquêts, a des droits de viduité qu'elle perd en se remariant.

Dans le mariage des nobles, la femme reçoit à titre de don nuptial le 1/10 des biens du mari.

De plus, le conjoint pauvre peut obtenir une pension alimentaire même en présence d'enfants ; mais elle ne peut dépasser le 1/4 des revenus de l'époux prédécédé.

Droit commun
allemand, Prusse,
Wurtemberg,
Francfort, Hano-
vre, Bavière.

3° Droit commun allemand, Prusse, Wurtemberg, Francfort, Hanovre, Bavière.

Droit commun allemand.

Droit commun
allemand.

Le droit commun Allemand. applicable en Allemagne là où il n'y a pas de règle contraire, établit deux droits au profit, non du conjoint survivant, mais seulement de la veuve survivante.

1° Elle a, si elle est pauvre, une portion virile en usufruit qui ne peut dépasser le 1/4 ;

2° Elle a une portion *statutaire* à titre de réserve, déterminée par les coutumes, et consistant, tantôt en propriété, tantôt en usufruit.

Prusse.

Prusse.

La législation prussienne distingue si le régime adopté est ou non celui de la communauté.

Si le régime est celui de la communauté, l'époux a l'usufruit de la 1/2 revenant aux héritiers de son conjoint, si ces héritiers ne sont pas des descendants.

Si le régime n'est pas celui de la communauté, l'époux survivant a droit, vis-à-vis de descendants, au 1/4 en propriété des biens de son conjoint prédécédé.

Il a droit au tiers en présence d'ascendants, frères ou sœurs, neveux ou nièces.

Il a droit à 1/2 et aux meubles meublants vis-à-vis des autres héritiers.

L'époux survivant a, à titre de réserve, la 1/2 des droits qui lui sont attribués.

Wurtemberg.

Wurtemberg.

L'époux survivant a, en présence de descendants, droit à une part d'enfant, dont le maximum est un 1/3. Il a droit à 1/2 en présence d'autres parents jusqu'au 10° degré.

Il a comme réserve le 1/3 de son droit.

Il perd tout droit : 1° s'il renonce à la communauté ; 2° en cas, non de séparation de corps, mais de divorce.

Francfort.

Francfort.

Le conjoint survivant a, en présence d'enfants, la propriété de la 1/2 des meubles de son conjoint et l'usufruit de la 1/2 des immeubles.

S'il est en présence d'enfants du premier lit, il a droit à une part d'enfant.

S'il est en présence d'autres parents, il a droit à la propriété de tous les meubles, à l'usufruit de tous les immeubles.

Le droit tout entier du conjoint survivant lui est accordé à titre de réserve.

Hanovre.

Hanovre.

Le mari survivant a la 1/2 de la dot.

La femme survivante, outre un don nuptial, a un douaire égal à la dot.

Bavière.

Bavière.

Il faut distinguer s'il existe ou s'il n'existe pas d'enfants du mariage.

S'il existe des enfants, la femme survivante, outre sa part dans les acquêts (ce qui n'est pas notre question, et ce que je ne cite qu'à cause du droit du mari), a une part d'enfant dans le mobilier et une *contre-dot* égale à sa dot.

Le mari survivant garde tous les acquêts et restitue bien entendu la dot.

S'il n'y a pas d'enfants, l'époux survivant, mari ou femme, outre sa 1/2 dans les acquêts, a l'usufruit de l'autre 1/2.

4· Autriche.

Autriche.

S'il y a des enfants, le conjoint survivant a une part d'enfant en usufruit seulement.

S'il n'y a pas d'enfants, il a le 1/4 en propriété.

Il perd son droit par suite de la séparation de corps prononcée contre lui.

La veuve survivante a en outre un douaire pour son entretien tant qu'elle ne se remarie pas.

5· Russie.

Russie.

Le conjoint survivant a le 1/7 des immeubles du conjoint prédécédé et le 1/4 des meubles, qu'il y ait ou non des enfants. Ce droit lui est conféré à titre de réserve.

En vertu d'une règle assez singulière et exceptionnelle dans les législations modernes, bien qu'analogue à celle de la coutume de Normandie sur le douaire, le conjoint survivant succède aux père et mère de son conjoint prédécédé, de manière à avoir sur leur succession les mêmes droits qu'il aurait eus si son conjoint l'eût recueillie.

6° Hollande.

Le régime légal étant celui de la communauté universelle, on ne s'inquiète que fort peu des droits du conjoint survivant. Il est primé par tous les parents légitimes au degré successible, mais il prime les enfants naturels.

7° Danemark.

En présence d'enfants, le conjoint survivant a une part d'enfant dont le maximum est de 1/4.

Il a le 1/3 de la succession en présence d'autres héritiers.

Son droit tout entier est à titre de réserve.

Suède et Norwége.

Suède.

Le survivant a en préciput le 1/20 des meubles.

De plus, la femme survivante a en usufruit le 1/6 des immeubles.

Norwége.

Le régime légal est la communauté universelle.

Cependant, le conjoint survivant a encore des droits assez étendus. En présence d'enfants, il a une part d'enfant sur la 1/2 attribuée aux héritiers de son conjoint prédécédé. Quand il n'y a pas d'enfants, il prend, à son choix, ou la 1/2 de cette 1/2, ou le 1/4 des apports de son conjoint.

9° Angleterre.

Angleterre.   La femme apporte en mariage à son mari l'usufruit de ses immeubles et la propriété de ses meubles.

La femme survivante a un douaire qui consiste dans le 1/3 en usufruit des immeubles du mari.

Quant aux meubles, elle a en propriété le 1/3, s'il y a des enfants, la 1/2 s'il n'y en a pas.

10° États-Unis.

États-Unis.   La veuve a, en général, s'il y a des enfants, un douaire en usufruit.

S'il n'y en a pas, elle a une part en propriété variant suivant la qualité des héritiers et aussi suivant les États.

En Indiana, il y a une bizarre disposition : si c'est la femme qui prédécède ayant des enfants d'un premier lit, ces enfants héritent de la 1/2 des biens du mari lorsqu'il décède.

Dans la Louisiane, outre un droit alimentaire, dont nous parlerons plus loin, la femme succède à son mari avant ses enfants naturels.

Suisse.
11° Suisse.

Canton de Vaux.

Canton de Vaux.   Le survivant, en présence d'enfants, a l'usufruit de tout ; mais cet usufruit est réduit à 1/2 à leur majorité ou quand ils se marient.

En présence du père ou de la mère de son conjoint, de frères, sœurs, neveux ou nièces, le survivant a le 1/4 en propriété.

En présence des autres héritiers, il a la 1/2.

Canton de Neufchâtel.

Là existe la communauté universelle.

Le survivant, s'il y a des descendants légitimes, a sur leur part dans la communauté le 1/4 des meubles en propriété, et l'usufruit de la 1/2 des immeubles.

S'il n'y a pas de descendants légitimes, il a la 1/2 des meubles en propriété, et l'usufruit de tous les immeubles.

Canton d'Appenzell.

S'il y a des enfants, le survivant a une part d'enfant dont 1/2 en propriété, 1/2 en usufruit.

S'il n'y a pas d'enfants, il a 1/3 en propriété.

Il a, à titre de réserve, le 1/5 des biens du conjoint prédécédé.

Canton de Saint-Gall.

Le survivant, vis-à-vis d'enfants, a droit à une part d'enfant.

Il a 1/2 de la succession vis-à-vis des autres héritiers.

Son droit est en entier réservé.

Canton de Lucerne.

L'époux survivant a, en présence d'enfants, le 1/4 en usufruit ;
vis-à-vis d'autres héritiers il a, soit le 1/3, soit le 1/4 en propriété.

Une singularité de cette législation consiste à ne lui donner que 1/2 en face de l'État.

Il a comme réserve un 1/4 en usufruit.

LÉGISLATIONS N'ACCORDANT QU'UN DROIT D'USUFRUIT.

Législations n'accordant qu'un droit d'usufruit. Ces législations sont celles du grand duché de Bade, de la Serbie, de la Suisse pour les cantons du Valais, des Grisons, de Bâle et de Soleure, et enfin du Canada.

Grand duché de Bade.

Grand duché de Bade. Quand il n'y a pas d'enfants, le survivant a l'usufruit des biens du conjoint prédécédé.

Le conjoint survivant succède aux ascendants du conjoint prédécédé concurremment avec les frères et sœurs de son conjoint, mais il n'a droit qu'au 1/4 en usufruit.

Serbie.

Serbie. La veuve non remariée a l'usufruit de tous les biens du mari, indivisément avec les autres héritiers du mari.

Si elle ou les héritiers demandent le partage, elle a droit à 1/2.

Le mari survivant ne succède, lui, qu'à défaut de tout successeur légitime.

Suisse.

Suisse.

Canton du Valais.

Canton du Valais. Quand il y a des enfants, le survivant a l'usufruit de 1/2.

Quand il n'y a pas d'enfants, il a l'usufruit de la totalité des biens.

Son droit est réduit de 1/2 en cas de nouveau mariage.

Canton des Grisons.

Le survivant, s'il y a des enfants, a l'usufruit du 1/3 des biens du conjoint prédécédé.

S'il n'y a pas d'enfants, il a l'usufruit des 2/3.

Son droit d'usufruit, quel qu'il soit, cesse en cas de second mariage.

Canton de Bâle.

Le conjoint survivant a l'usufruit de tous les biens, quels que soient les héritiers.

Canton de Soleure.

Le conjoint survivant a le même droit que dans le canton de Bâle. Seulement, s'il y a des enfants, il est tenu de leur abandonner, à leur majorité, un 1/4 de l'usufruit.

Canada.

La veuve survivante a en douaire l'usufruit de 1/2 des immeubles du mari, la nue-propriété étant réservée aux enfants.

LÉGISLATIONS N'ACCORDANT DE DROITS AU CONJOINT SURVIVANT QU'A TITRE ALIMENTAIRE.

LÉGISLATIONS LUI ACCORDANT A CE TITRE DES DROITS DE PROPRIÉTÉ.

Ces législations sont au nombre de 3, la Roumanie, la Louisiane, la Bolivie. Il est bien évident que cette idée de donner de la propriété à titre alimentaire ne brille pas par la logique. L'une de ces législations, celle de la Louisiane, donne à la femme, comme nous l'avons vu, dans un cas exceptionnel, un droit de propriété sans condition de pauvreté.

Canton
des Grisons.

Canton de Bâle.

Canton de Soleure.

Canada.

Législations n'accordant de droits au conjoint survivant qu'à titre alimentaire.

Législations lui accordant à ce titre des droits de propriété.

Roumanie.

Roumanie. La femme survivante, si elle est pauvre, a droit, en face de descendants, à une part d'enfant dont le maximum est un 1/3.

Elle a droit au 1/4 de la succession en face d'ascendants ou de collatéraux, toujours sous la même condition de pauvreté.

Quant au mari, il n'a pas, même pauvre, de droit alimentaire. Il ne succède qu'à défaut d'héritiers.

Louisiane.

Louisiane. Le conjoint survivant, s'il est pauvre, a droit, s'il y a des descendants, à une part d'enfant en usufruit, au maximum du 1/4. S'il n'y a pas de descendants, il a droit au 1/4 de la succession en propriété, toujours bien entendu, sous la condition de pauvreté.

Cependant, à côté de ces droits exigeant la pauvreté, la femme, sans qu'il soit besoin de cette condition, prime les enfants naturels de son mari, mais le mari ne prime pas ceux de la femme.

Bolivie.

Bolivie. Le conjoint pauvre, en face d'enfants légitimes, a le 1/3 de la part d'un enfant. En concours avec d'autres héritiers, ce conjoint pauvre a, suivant leur degré, le 1/4, le 1/3 ou la 1/2 de la succession. Mais il doit opter entre ces droits et les dons et legs que lui aurait faits le conjoint prédécédé.

LÉGISLATIONS N'ACCORDANT QUE DES DROITS ALIMENTAIRES DE JOUISSANCE.

Législations n'accordant que des droits alimentaires de jouissance. Ces législations étaient celles des Deux-Siciles, du duché de Modène, du duché de Toscane, des États-Romains ; il faut y ajouter la législation des îles Ioniennes.

Code des Deux-Siciles.

Code des Deux-Siciles.

Le conjoint survivant avait droit, quand il était pauvre, à une pension alimentaire vis-à-vis de la succession ; elle ne pouvait, s'il y avait moins de 4 enfants, dépasser le 1/4 des revenus de la succession. S'il y avait 4 enfants, elle ne pouvait dépasser une part virile des revenus.

Duché de Modène.

Dans le duché de Modène, le conjoint survivant avait droit à une pension alimentaire, qu'il perdait en cas de convol.

Duché de Toscane.

Le conjoint pauvre avait droit à l'usufruit du 1/4 de la succession, s'il n'y avait pas d'enfants communs issus du mariage.

S'il y avait des enfants communs, le conjoint survivant n'avait aucun droit alimentaire. On considérait qu'il était suffisamment garanti contre la misère par l'obligation alimentaire de ses enfants.

Le conjoint n'héritait de son conjoint que lorsqu'il n'y avait pas d'héritier au 10° degré.

Le conjoint survivant perdait ses droits en cas de convol.

États-Romains.

Les États-Romains suivaient le droit de Justinien dans son dernier état.

Par suite, on accordait à la veuve survivante, si elle était pauvre, la quarte en usufruit, mais limitée à une part d'enfant, quand il y avait plus de 3 enfants.

Iles Ioniennes.

Iles Ioniennes. La législation des îles Ioniennes admet une quarte du conjoint pauvre, en revenus, même lorsqu'il y a des enfants.

RÉSUMÉ.

Résumé. Telles sont les législations modernes. On y peut reconnaître trois systèmes principaux : système d'un droit de propriété, système d'un droit d'usufruit, système d'un droit alimentaire.

A la différence de l'ancien droit, on trouve une prédominance marquée en faveur des droits de propriété, quand le conjoint n'est pas placé en face d'enfants. Mais les législations ne s'apprécient pas par leur nombre, et, comme nous l'indiquerons tout à l'heure, la faculté repousse, sans hésiter, tout droit de propriété accordé au conjoint survivant, à l'encontre des héritiers du sang, quels qu'ils soient.

L'établissement d'une réserve pour le conjoint survivant existait dans les duchés de Parme et de Plaisance. La réserve est consacrée par le nouveau Code civil d'Italie ; elle l'est aussi dans certaines contrées de l'Allemagne (droit commun Allemand, Saxe, Saxe-Weimar, Prusse, Francfort) ; elle l'est également en Russie, dans le Danemark, et la Suisse pour les cantons d'Appenzell, de St-Gall, de Lucerne et de Berne.

Enfin certaines de ces législations privent le conjoint de ses droits, en cas de séparation de corps, et enlèvent ou restreignent ces mêmes droits, en cas de second mariage.

Tel est l'historique de la question soulevée par le projet de loi de M. Delsol.

RÉSUMÉ DU PROJET DE M. DELSOL.

Quel est le système de ce projet? En face d'héritiers jusqu'au 6e degré inclusivement, il ne donne au conjoint que de l'usufruit.

Résumé du projet de M. Delsol.

En face d'héritiers au-delà du 6e degré, c'est-à-dire d'héritiers plus éloignés que des cousins issus de germains, le conjoint survivant a une part en propriété.

DROITS D'USUFRUIT.

En présence d'enfants communs, le conjoint survivant a une part d'enfant, en usufruit, qui ne peut être moindre que le 1/4 de la succession.

Droits d'usufruit.

En présence d'enfants d'un précédent mariage, le conjoint survivant a une part d'enfant le moins prenant, sans que cette part puisse excéder le 1/4 des biens.

S'il n'y a pas d'enfants, l'usufruit est de 1/2 de la succession.

Ce droit d'usufruit ne peut être réclamé par l'époux contre lequel la séparation de corps a été prononcée.

Il cesse dans le cas d'un second mariage.

DROITS DE PROPRIÉTÉ.

Vis-à-vis des parents au-delà du 6e degré, le conjoint survivant a la 1/2 en propriété, s'il n'y a pas eu de jugement de séparation de corps contre lui. Ici le second mariage ne fait pas perdre le droit.

Droits de propriété.

Aucune réserve n'est admise en faveur du conjoint survivant.

6

Remarque. L'auteur du projet de loi ne se préoccupe pas, dans son système, des droits du conjoint survivant en face d'un enfant naturel.

L'on ne peut pourtant pas comprendre les enfants naturels dans les enfants nés d'un précédent mariage dont parle le projet.

Étude
du projet de loi. Cette lacune signalée, il reste à étudier le projet de loi proposé.

Division. Pour le faire avec méthode, il faut d'abord examiner les principes, et ensuite la mesure dans laquelle le principe, une fois posé, doit être appliqué.

Quelle doit être la nature du droit du conjoint survivant?

Quelle en doit être la quotité et l'étendue?

Telles sont les questions que la Faculté a successivement examinées.

Deux chapitres. La division générale en deux chapitres est donc naturellement indiquée.

Chapitre Ier. Nature du droit du conjoint survivant.

Chapitre II. Quotité et étendue de ce droit.

Chapitre Ier.
Nature du droit du
conjoint survivant.

CHAPITRE Ier.

NATURE DU DROIT DU CONJOINT SURVIVANT.

DIVISION.

Division. I. — Y a-t-il lieu de lui accorder un droit plus étendu que celui que lui reconnaît le Code civil?

II. — En cas d'affirmative, doit-il avoir, vis-à-vis au moins de certains héritiers, un droit de propriété?

III. — Faut-il lui accorder un droit d'usufruit, quelle que soit sa fortune personnelle, ou un simple droit alimentaire ?

IV. — Le conjoint survivant doit-il avoir une réserve? En cas de négative, le droit à lui accordé sera-t-il un droit successoral ou un gain de survie? Quelle sera la nature juridique de ce droit ?

V. — Quelles sont les causes qui feront déchoir le conjoint survivant de l'avantage qu'on lui accorde?

VI. — N'y a-t-il pas lieu, dans tous les cas, lors même que le conjoint survivant serait privé de tout droit, soit par contrat de mariage, soit par suite de convol, soit par suite de séparation de corps prononcée contre lui, de permettre aux tribunaux d'accorder à ce conjoint une pension alimentaire sur les biens formant la succession du conjoint prédécédé?

I. — *Y a-t-il lieu d'accorder au conjoint survivant un droit plus étendu que celui que lui reconnaît le Code civil ?*

Pour soutenir la négative, voici comment on peut raisonner, et comment on a raisonné :

1° L'expérience a montré qu'il n'y avait pas d'inconvénient sérieux au système actuel. La société française y est faite, et les familles n'en ont point souffert.

2° Le conjoint, s'il le veut, peut, soit par contrat de mariage, soit par donation, soit par testament, assurer à son conjoint un avantage suffisant. S'il ne l'a pas fait, c'est qu'il ne l'a pas voulu; et, dès lors, à moins d'admettre une réserve pour le conjoint survivant, il n'y a rien à modifier dans notre législation.

I. — Y a-t-il lieu d'accorder au conjoint survivant un droit plus étendu que celui que lui reconnaît le Code civil ?

Système de la négative.

3° Ce serait une chose grave que de priver son conjoint d'un avantage reconnu par la loi. On reculera souvent devant cette extrémité, bien qu'au fond on eût préféré ne rien laisser au conjoint qui, sans se trouver dans les cas de déchéance prévus par la loi, n'a pas rempli suffisamment ses devoirs vis-à-vis de son conjoint.

4° Quant à une pension alimentaire, s'il y a des enfants, elle est inutile, puisqu'ils sont tenus de l'obligation alimentaire ; s'il n'y en a pas, le conjoint prédécédé eût pu donner une rente viagère à son conjoint. Il ne l'a pas voulu. On ne peut pas encore porter atteinte à sa volonté.

Système de l'affirmative, admis par la Faculté. Aucun de ces arguments n'a convaincu la Faculté, qui, sans hésiter, a reconnu qu'il y avait dans le Code une lacune à combler.

1° Si cette question n'a pas un caractère d'urgence prononcé, si les inconvénients de notre législation n'ont pas amené, en fait, beaucoup de récriminations, sauf les critiques doctrinales, cela ne tient qu'à une cause, à savoir que la pratique a corrigé la loi, et que les testaments et surtout les contrats de mariage ont conféré au survivant des époux des avantages devenus presque de style.

2° On objecte que cette faculté est suffisante ; qu'accorder un droit, en l'absence de testament et dans le cas de silence du contrat de mariage, c'est aller contre la volonté du conjoint prédécédé.

La Faculté, sans traiter ici la question de réserve, qu'elle examinera plus loin, ne pense pas qu'il y ait lieu de s'arrêter à l'objection qui vient d'être formulée.

En effet, pourquoi supposer que l'époux ait voulu priver son conjoint d'un droit, parce qu'il ne lui a pas donné ?

Combien de fois ne voit-on pas une personne avoir l'intention de faire un testament et mourir sans avoir réalisé son projet?

Le contrat de mariage est muet. Pourquoi supposer la volonté de ne rien laisser à son conjoint? Pourquoi ne pas supposer une omission, un oubli, ou si l'on veut, la pensée qu'on aura toujours le temps de tester?

Et s'il n'y a pas de contrat de mariage, que devient l'argument du système que nous combattons?

Il y a eu des exemples de pareils oublis, et il s'agissait d'époux unis, n'ayant l'un pour l'autre que de l'affection.

Tout dernièrement même, dans notre ville, ce fait s'est produit. Un commerçant, dans une excellente situation, n'avait pas fait de contrat de mariage. Il avait hérité d'une fortune importante. Il est mort sans avoir réalisé son testament, et sa veuve n'a uniquement que des droits dans la communauté. Si elle eût été mauvaise, elle aurait été réduite à la misère en face de la succession de son mari.

3° On objecte qu'un époux reculera devant l'idée de déclarer qu'il entend priver son conjoint de l'avantage accordé par la loi.

Est-ce une objection sérieuse?

S'il recule devant cette idée, c'est qu'il n'a pas de motifs graves, et alors on doit désirer que le conjoint ne soit pas privé de l'avantage légal.

Est-ce que cela ne vaut pas mieux que de priver le conjoint de cet avantage, sans être sûr que telle a été la volonté de l'autre conjoint?

Dans le doute, la question doit être tranchée en faveur du survivant.

Nous ajoutons que l'usage universel de faire des donations au survivant dans les contrats de mariage nous montre que les mœurs ont fait la loi avant la législation, et il est du devoir de tout législateur de se conformer, autant que possible, à un usage quand il n'a rien d'immoral, et de suppléer les clauses habituelles lorsqu'elles ne sont pas formellement exprimées.

4° Quant à l'argument relatif à la pension alimentaire, nous nous réservons de l'examiner sous la question n° vi.

Après avoir réfuté le système qui refuse tout droit au conjoint survivant, nous devons faire remarquer que le mariage est un lien sacré, la seule base de la famille, que les époux contractent l'un envers l'autre une obligation que la mort même ne doit pas dissoudre complètement. C'est un devoir pour un mari que d'assurer après lui le sort de sa femme.

C'est un devoir pour la femme que de ne pas laisser après elle son mari dans la misère.

La faculté pense que ce point n'a pas besoin d'une plus ample démonstration.

Méconnaître ce devoir, ce serait matérialiser le droit, démoraliser le mariage et la famille ; ce serait enseigner que par delà le tombeau, il n'est plus d'obligations, parce que par delà le tombeau il n'y a que le néant, tandis qu'il est vrai de dire que par delà le tombeau il y a des obligations, parce que l'homme ne périt pas tout entier, et que la mort ne frappe que la matière.

II. — *Le conjoint survivant doit-il avoir, au moins vis-à-vis de certains héritiers, un droit de propriété ?*

Le conjoint survivant doit-il avoir, au moins vis-à-vis de certains héritiers, un droit de propriété ?

La Faculté n'hésite pas à répondre négativement.

Autant les droits personnels du conjoint sont des droits respectables, autant les droits de la famille sont sacrés. C'est un véritable danger social que la destruction de la famille. Les familles de notre temps s'oublient encore plus qu'elles ne périssent. Le législateur ne doit pas encourager de pareilles tendances.

Le législateur ne peut, d'ailleurs, présumer que le conjoint a voulu que ses biens, en totalité ou en partie, passent dans une famille étrangère, au préjudice de ceux qui sont de son sang et qui peut être portent son nom.

Si le conjoint veut donner une part en propriété à son conjoint, qu'il le dise nettement.

Sans doute un grand nombre de législations modernes ont accordé au conjoint des droits de propriété; mais, d'une part, dans un certain nombre d'entre elles, la communauté, même réduite aux acquêts, n'est pas en usage, et, d'autre part, autant il est bon de prendre chez les autres nations les institutions utiles, autant il faut se garder de copier servilement sans choisir entre l'erreur et la vérité.

Lorsqu'on analyse d'ailleurs le mobile de ceux qui veulent accorder un droit de propriété, on voit qu'ils sont partis de cette idée, juste en elle-même, que les lois successorales sont avant tout le reflet des affections présumées du *de cujus*.

Or, se sont-ils dit, est-ce que le mari ne préfère pas à des cousins au-delà du 6° degré sa femme légitime, celle qu'il a choisie, et qui a partagé sa vie, ses plaisirs et ses douleurs?

Et cependant, reculant eux-mêmes devant les conséquences de leur principe, ils n'ont pas attribué au conjoint survivant la totalité de la succession.

C'est que, en effet, le mari peut préférer sa femme à sa famille. Il le doit même, dans une certaine limite; mais c'est sa femme qu'il préfère, et non la famille de sa femme.

Et voilà pourquoi la Faculté ne pense pas qu'il y ait lieu de s'arrêter à l'idée d'un droit de propriété quelconque en faveur du conjoint survivant.

522. — *Faut-il accorder au conjoint survivant un droit d'usufruit, quelle que soit sa fortune, ou un simple droit alimentaire?*

Pour certains auteurs et certaines législations imbues du souvenir de la quarte du conjoint pauvre, il suffit d'un droit alimentaire.

Le devoir consiste, dit-on, à ne pas laisser mourir de faim le conjoint survivant en face d'une succession opulente. Aller plus loin, ce serait faire une donation, et la donation ne peut ni ne doit se présumer.

D'un autre côté, à quelles conséquences ne pourrait-on pas aboutir dans le système d'un droit d'usufruit accordé sans condition de pauvreté? Le conjoint survivant est riche; il a une fortune plus que suffisante, plus importante que celle de son conjoint. Les héritiers de ce dernier sont pauvres. A quoi bon les frustrer au profit du conjoint survivant?

La Faculté n'a pas été de cet avis, et cela pour plusieurs motifs:

1° Obliger le conjoint à arguer de sa pauvreté pour réclamer un droit lui a semblé manquer à la dignité de l'union conjugale. Sans doute, comme nous l'expliquerons plus loin, nous admettons une pension alimentaire lorsque le conjoint survivant n'a pas droit à l'usufruit; mais c'est qu'alors, sous peine de le laisser dans la misère, on ne pouvait prendre d'autre système, et qu'il eût été au moins singulier de préférer sa dignité à sa vie. Mais ce n'est pas une raison pour faire de cette exception la règle générale, laisser le conjoint survivant sans autre droit que celui de mendier un morceau de pain à la succession de son conjoint, et porter atteinte, sans nécessité, à sa dignité.

2° Il a paru également à la Faculté que l'obligation des époux était plus large et que les devoirs du mariage ne consistaient pas seulement à empêcher le conjoint survivant de mourir de faim : il ne suffit pas d'une aumône posthume ; le conjoint ne doit pas déchoir et son conjoint doit, autant que possible, lui assurer les moyens de conserver le rang qu'il avait.

3° Qu'importe que le conjoint survivant ait une fortune personnelle ? Est-ce que la richesse d'un héritier lui fait perdre son droit héréditaire ? Et ce témoignage présumé d'affection, qui fait que celui qui meurt se survit à lui-même en donnant une partie de son patrimoine, doit-il se mesurer sur la fortune de celui qui reste ?

Il est donc conforme à la fois à la dignité du mariage et à la volonté présumée du *de cujus*, ainsi qu'aux devoirs résultant de l'union conjugale de ne pas mesurer l'avantage légal sur la fortune du conjoint survivant.

Ici se présente une objection d'un tout autre genre. On concède que le droit ne doit pas être un droit alimentaire, mais bien un droit non subordonné à une question de pauvreté.

Mais on ne doit pas, dit-on, donner de l'usufruit. On doit donner une rente viagère et permettre aux tribunaux d'ordonner la vente de partie des biens pour y faire face ?

Doit-on, au lieu d'usufruit, donner une rente viagère équivalente ?

Car l'usufruit a cet inconvénient de diminuer la valeur des biens. On ne vend pas séparément un usufruit et une nue propriété comme on vendrait la pleine propriété. Par suite, les droits d'usufruit entravent la disposition de la fortune qui en est grevée, et s'il y a nécessité d'une licitation entre les nu-propriétaires, sans

Système de l'affirmative.

7

qu'il en soit besoin vis-à-vis de l'usufruitier, on sera donc obligé de vendre la nue propriété.

Ainsi, le conjoint survivant a, nous le supposons, 1/2 en usufruit. Il y a deux héritiers. On peut facilement faire deux lots de la fortune : l'un grevé de l'usufruit, l'autre non grevé. Le conjoint survivant aura le droit d'exiger le partage en nature ; mais il est impossible de partager en deux le lot grevé de l'usufruit, et alors on sera obligé, pour opérer le partage entre les deux nu-propriétaires, de liciter la nue propriété de ce lot.

Réfutation. La Faculté n'a pas été touchée de ces considérations.

Il lui a paru d'abord que l'usage universellement répandu dans les contrats de mariage des donations en usufruit était la meilleure de toutes les réponses.

Il lui a paru ensuite que le danger signalé n'est pas aussi fréquent qu'on veut bien le dire ; car il arrivera souvent que le partage en nature pourra avoir lieu même vis-à-vis des nu-propriétaires ; il arrivera souvent aussi, lorsqu'il ne pourra avoir lieu, qu'ils attendront, pour la licitation des biens soumis à l'usufruit, la fin de cet usufruit.

Enfin, là où l'inconvénient existe, et il est certain qu'il y a des cas où il existera, que de complications dans le système qui, pour le supprimer, transforme l'usufruit en une rente viagère ! Cette rente à servir par les héritiers du conjoint prédécédé sera souvent plus onéreuse pour eux qu'un usufruit s'exerçant en nature. Croit-on que l'inscription qui la garantira rendra bien facile le droit de disposition des héritiers sur les biens de la succession ? Donner aux tribunaux le droit de faire vendre une partie des biens, n'est-ce pas arriver à toucher au droit des héritiers, à les dépouiller sans nécessité d'un patrimoine auquel ils peuvent tenir ? Le conjoint lui-même , est-ce qu'il n'attachera pas souvent un prix d'affection aux biens dont il a joui pendant le mariage ?

La Faculté a pensé qu'il était plus simple et plus équitable tout à la fois d'attribuer légalement au conjoint survivant l'usufruit qui, en fait, est stipulé dans le contrat de mariage.

IV. — *Le conjoint survivant doit-il avoir une réserve ? En cas de négative le droit à lui accordé sera-t-il un droit successoral ou un gain de survie ? Quelle sera la nature juridique de ce droit ?*

Le conjoint survivant doit-il avoir une réserve ?

C'est là la grosse question du sujet. Un nombre assez considérable de législations étrangères admettent cette réserve.

Cette théorie est, en effet, séduisante. Si l'avantage légal ne reposait que sur la volonté présumée du *de cujus*, la réserve serait écartée sans discussion.

Mais il est évident que cet avantage est aussi la conséquence d'un devoir résultant du mariage.

Or un droit successoral fondé sur une obligation emporte avec lui l'idée d'une réserve.

Voilà ce que font observer les partisans de la réserve.

Pour traduire leur pensée d'une façon moins abstraite , d'une manière plus spéciale au sujet, on peut dire que l'époux s'oblige en se mariant à porter secours et assistance à son conjoint , qu'il est strictement tenu d'empêcher ce conjoint de déchoir de son rang, le mariage dissous. En donnant la vie à leurs enfants, les parents contractent l'obligation de les protéger et de les faire vivre : de là la réserve des descendants. En recevant le jour de leurs ascendants , les enfants contractent la dette de reconnais-

Le conjoint survivant doit-il avoir une réserve ? En cas de négative, le droit à lui accordé serait-il un droit successoral ou un gain de survie ? Quelle sera la nature juridique de ce droit ?

Question de la réserve ?

Arguments en faveur de la réserve.

sance la plus respectable et la plus sainte : de là la réserve des
ascendants.

De même, en choisissant son conjoint, en s'unissant à lui par
les liens du mariage, en quittant pour lui son père et sa mère,
en s'identifiant avec lui, le conjoint contracte l'obligation de le
protéger, de le faire vivre ; c'est la plus sainte de toutes les
dettes : de là le fondement d'une réserve pour le conjoint survivant.

Comment? il pourra dépendre du caprice d'un époux oublieux,
insouciant ou pervers, de se soustraire par sa volonté à l'ac-
complissement d'une obligation aussi étroite ?

Un mari, dans notre société civile, un mari aura le droit,
repoussant l'idée vraie, l'idée chrétienne du mariage, de laisser
sa femme dans la misère parce que cela lui plaît. Il aura le droit
de dire : après moi la fin du monde. Tant que j'ai vécu, j'étais
bien obligé de secourir ma femme, de la nourrir, de lui donner
un rang conforme au mien. Mais après moi, qu'importe? Tout
est fini, et je me délie de mon obligation ?

La femme pourra tenir le même raisonnement ?

Est-ce que ce n'est pas profondément immoral? Est-ce que
l'oubli du législateur de 1804 ne vaudrait pas encore mieux qu'une
législation qui permettrait un pareil scandale ?

Arguments contre
la réserve.
Sans doute, il y a du vrai dans ce raisonnement, et la Faculté
ne s'en dissimule pas la gravité.

Mais, à côté du point de vue signalé, il en est d'autres aussi
graves.

Voici en effet comment raisonnent les adversaires de la réserve:

D'une part, la fortune de la femme peut être telle qu'elle n'ait nul besoin de l'avantage légal ; et alors où peut être l'obligation ? Il ne reste qu'une question d'affection.

D'autre part, si les droits de l'époux survivant sont sacrés, c'est à la condition qu'il ait compris et rempli les devoirs que ce titre lui imposait. Si le respect le plus profond est dû à la femme, c'est à la condition qu'elle ait été une compagne fidèle et dévouée, une mère de famille digne de ce nom.

Si les droits du mari ne doivent pas recevoir d'atteinte, c'est à la condition que, au lieu d'oublier le lien qui l'unit à celle qu'il doit aimer, protéger, défendre, il ait su, au milieu de ce qu'on est convenu d'appeler les entraînements de la vie, bien qu'ils n'entraînent que celui qui le veut bien, garder à celle à laquelle il a donné son nom, la fidélité que la religion et la loi lui commandent, l'affection que son cœur ne doit jamais contredire.

Est-ce que ces questions peuvent être du ressort des tribunaux ? Est-ce qu'ils ont la plupart du temps les éléments d'appréciation ?

Sans doute, ils peuvent statuer, quand il y a une atteinte visible aux devoirs conjugaux ; mais combien de plaies restent ignorées ?

D'autre part, avec le système de la réserve, où est-on forcément conduit ? A multiplier les séparations de corps.

Or, n'est-il pas évident que cette tendance aboutirait au relâchement du lien conjugal ?

La séparation de corps est un remède extrême qui ne doit être employé que lorsqu'il est démontré que la vie commune n'est plus possible.

Telles sont les considérations très-graves de part et d'autre que l'on peut faire valoir. Elles ont déterminé la Faculté à rejeter

Conclusion.

l'idée d'une réserve en faveur du conjoint survivant, et cependant à ne pas permettre à l'époux de priver son conjoint du droit écrit dans la loi, par un acte de volonté postérieur au mariage. Entre les deux solutions extrêmes, qui toutes deux ont une part de vérité et s'appuient sur des arguments qui ne se détruisent pas les uns les autres, la seule solution équitable et vraiment juridique est de laisser les époux choisir la loi qui leur convient. Le législateur n'interviendra qu'en cas de silence de leur part, et il interviendra avec raison en faveur du conjoint survivant.

Mais une fois le mariage accompli, l'avantage est irrévocable; car c'est sur la foi de cet avantage que le mariage a été contracté.

Que l'on ne vienne pas dire ici : des faits ultérieurs se produiront et l'on sera obligé d'en arriver à une séparation de corps.

A cette objection il y a une double réponse, et elle est péremptoire :

1° Il serait beaucoup plus grave de permettre, après coup, de changer les conditions en présence desquelles le mariage a été conclu ;

2° Dans les contrats de mariage, les avantages au profit du survivant sont presque de style et ils sont irrévocables.

Le droit accordé au conjoint survivant sera-t-il un droit successoral ou un gain de survie ?

Du moment que l'idée de réserve est écartée, et que cependant l'immutabilité de l'avantage, une fois le mariage contracté, est admise, il n'y a pas lieu de rattacher à la loi des successions le droit accordé au conjoint survivant.

En effet, cet avantage ne dérivant que de la volonté présumée du conjoint, il est beaucoup plus naturel de le rattacher au contrat de mariage qu'à la loi des successions.

C'est en réalité un douaire légal qui est créé, et sa place est par conséquent indiquée par sa nature même.

Il se rattache d'ailleurs au principe de l'immutabilité des conventions matrimoniales.

Cette solution a l'immense avantage de ne toucher à aucun article de la loi des successions. Elle est conforme à la tradition des pays coutumiers et de plus à l'usage. La modification proposée consiste à sous-entendre dans les contrats de mariage les institutions contractuelles qui y sont presque de style.

La Faculté a pensé que, en sauvegardant les droits du conjoint survivant dans la limite qu'elle croit juste, elle restait dans les vrais principes en ne faisant de l'avantage en usufruit qu'elle est d'avis de créer, qu'un gain de survie légal que l'on peut supprimer au moment du mariage, mais qui ne dépend plus après du caprice ou de l'injustice de l'un des époux.

Quelle sera la nature juridique du droit accordé au conjoint survivant?

Sera-ce un avantage sujet aux règles de fond des donations? S'imputera-t-il par suite sur la quotité disponible?

Cet avantage, suivant la Faculté, doit, quant au fond, être sujet aux règles relatives aux donations.

Et cette solution est à la fois conforme au principe adopté, et à la raison.

Elle est conforme au principe adopté.

En effet, puisque la loi se borne à sous-entendre une institution contractuelle, il est évident que cet avantage doit s'imputer sur la quotité disponible et être soumis aux règles de fond des donations. C'est une donation tacite, en réalité.

D'autre part, il ne peut pas se faire que les droits de l'époux entament ce qui ne peut l'être, c'est-à-dire la réserve. Il ne faut pas manquer à un devoir pour en accomplir un autre. Les devoirs, en effet, s'additionnent, mais ne s'excluent jamais.

En dehors de ces deux motifs, qui sont de décision, cette solution a un avantage qui, à lui seul, serait insuffisant. Elle a l'avantage de la simplicité.

On objecte qu'avec ce système les époux vont voir diminuer leur disponible. La réponse est : 1° que cet avantage n'excédera pas celui qui est contenu d'habitude dans les contrats de mariage ; 2° qu'avant d'être libéral envers des étrangers, il faut s'acquitter de ses dettes ; 3° que si l'époux le veut absolument, il a le droit, dans le contrat de mariage, de priver son conjoint de cet avantage et de conserver ainsi la liberté de la quotité disponible tout entière.

La Faculté estime même que du moment où, dans le contrat de mariage, il y a une donation faite au survivant, cela suffit pour exclure l'avantage légal ; car l'attention des époux s'est portée sur ce point. Ils ont exprimé leur volonté et ont fait la part du survivant. Le législateur n'a plus à intervenir. Ils subiront la loi qu'ils se sont faite, tout en restant, bien entendu, libres de se donner plus par donation ou testament.

V. — *Quelles sont les causes qui feront déchoir le conjoint survivant de l'avantage qu'on lui accorde ?*

La Faculté en admet deux : 1° La séparation de corps ; 2° le convol.

1° Séparation de corps.

La séparation de corps n'est prononcée que pour sévices, excès, injures graves, adultère ou certaines condamnations.

Il y a donc eu violation éclatante des devoirs du mariage. Il y a une vraie indignité de la part de l'époux contre lequel elle est prononcée.

De plus, l'avantage exprès contenu au contrat de mariage est révoqué aux termes d'une jurisprudence constante, conforme d'ailleurs à la saine interprétation de la loi.

L'avantage tacite ne peut subsister là où l'avantage exprès, l'avantage résultant d'un contrat, est enlevé.

2° Le convol.

Convol.

Cette solution est controversée par de bons esprits. Le convol en général, dans notre ancien droit, ne faisait pas perdre le douaire légal. Certaines législations modernes ne lui attribuent aucun effet, et certaines autres, des effets partiels.

On peut ajouter qu'il n'a rien que de très-légal, qu'on ne peut être puni pour user de son droit, et que, même dans l'intérêt des bonnes mœurs et aussi de la liberté humaine, il ne faut pas empêcher les seconds mariages.

Ces raisons n'ont pu prévaloir devant la Faculté, non qu'elle prétende voir dans le convol un fait immoral : ce serait se montrer plus rigoureux que la religion elle-même.

Mais si le convol est parfaitement licite, si lorsqu'un avantage est fait expressément au survivant, le convol ne le fait perdre que dans le cas où cette restriction est expressément formulée, il n'en doit pas être de même pour l'avantage tacite reconnu par la loi.

Lorsqu'un époux donne la 1/2 en usufruit de sa succession à l'autre époux, et qu'il ne dit rien pour le cas de convol, on ne peut supposer un oubli de sa part ; puisqu'il a fait un acte, il en a naturellement indiqué les conditions.

Mais là où on présume sa volonté, doit-on supposer qu'elle eût

8

existé s'il avait su que son conjoint allait se créer une vie nouvelle, un intérieur nouveau ?

Le convol est une chose grave : cet usufruit accordé par la loi, c'est le nouvel époux qui en jouirait. Dans cette seconde union, qui est l'avenir, est-ce que la première, qui est le passé, n'a pas grande chance d'être oubliée ?

S'il y a des enfants de la première union, quel sera leur sort en présence de l'étranger ou de l'étrangère qui vient prendre la place de leur père ou de leur mère ?

Le convol est donc une chose très-grave ; et, quand le premier époux n'a réalisé aucune libéralité, on ne peut aller jusqu'à présumer qu'il eût donné même à son conjoint remarié. L'on doit présumer au contraire que, s'il eût parlé, il eût imposé la restriction.

Est-ce que les bonnes mœurs sont intéressées ? Pas le moins du monde. Est-ce que le veuf, la veuve qui ne se remarient pas sont forcément voués à l'inconduite ?

Ce n'est pas un argument sérieux, et, Dieu merci, il est encore des gens qui gardent précieusement au fond du cœur la mémoire de ceux qui ne sont plus et savent se recueillir dans le culte du souvenir.

Et puis, est-ce qu'il n'y a pas contre les seconds mariages, surtout quand il y a des enfants, des craintes légitimes de la part du conjoint qui va mourir ?

Est-ce qu'il n'a pas le droit de protéger ceux qu'il abandonne et qui ne l'auront plus là pour les défendre ?

Est-ce qu'il n'a pas le droit de se protéger lui-même contre l'oubli, de donner en raison de l'union que la mort n'a pu dissoudre, de donner tant qu'elle dure et de retirer ce qu'il a donné, lorsque les derniers liens s'effacent par un second mariage ?

L'époux donne à son époux, mais non à celui d'un autre.

La Faculté estime donc que le droit qu'elle propose d'accorder au conjoint survivant doit cesser en cas de convol.

La Faculté n'indique pas l'ingratitude comme obstacle à l'avantage qui, selon elle, doit être accordé au conjoint survivant. En déclarant que cet avantage était soumis, quant au fond, aux règles des donations, elle a par cela même, consacré virtuellement, mais clairement, cette cause de révocation. Nous ne mentionnons pas non plus le recel ou le détournement d'objets de la succession comme cause spéciale de déchéance, puisque l'art. 792 étant appliqué aux institutions contractuelles régit par cela même notre hypothèse.

VI. — *N'y a-t-il pas lieu, dans tous les cas, lors même que le conjoint survivant serait privé de tout droit, soit par contrat de mariage, soit par suite de convol, soit par suite de séparation de corps prononcée contre lui, de permettre aux tribunaux d'accorder à ce conjoint une pension alimentaire sur les biens formant la succession du prédécédé.*

Tout autre est cette question que la question de réserve déjà discutée.

Il ne s'agit pas ici d'un droit à tout ou partie de la succession ; il s'agit de savoir si, quels que soient les griefs qu'un conjoint puisse avoir vis-à-vis de son conjoint, quel que soit le contrat de mariage, ce conjoint peut condamner le conjoint survivant à mourir de faim.

La question ainsi posée, et elle ne peut l'être autrement, il a paru à la Faculté, que la solution découlait naturellement de la position même de la question.

C'est ici que reviennent avec une force plus grande tous les

N'y a-t-il pas lieu, dans tous les cas, de permettre aux tribunaux d'accorder au conjoint survivant une pension alimentaire ?

arguments présentés en faveur d'une réserve ; mais sur la question actuelle aucune objection ne peut prévaloir contre eux.

Cas où il y a eu sé-
paration de corps.
Il est contraire à la morale, il est contraire à l'ordre social que l'époux qui va mourir puisse laisser sans secours celui qui, même indigne, à porté son nom.

Cela ne se pourrait que si le divorce existait. Alors on comprendrait que tout fût rompu, à partir de ce moment. Mais, le divorce heureusement est aboli, et la séparation de corps ne détruit pas le mariage.

La Faculté ne pense pas que la mort suffise pour délier celui qui quitte ce monde de ses obligations envers celui qu'il y laisse. Au moment où il décède, l'époux est obligé de laisser à son conjoint, même coupable, de quoi ne pas mourir de faim. La succession sera tenue de cette obligation.

Quid lorsque le
contrat de mariage
refuse tout avan-
tage au conjoint
survivant ?
Ce droit à une pension alimentaire doit *a fortiori* exister quand il n'y a pas eu séparation de corps, mais que le contrat de mariage exclut tout avantage au profit du conjoint survivant.

Il n'est pas possible de supposer que si le conjoint avait su que, au moment de sa mort, son conjoint survivant serait dans l'indigence, il eût fait un contrat de mariage le privant de tout droit sur la succession.

Et lors même qu'il l'eût fait, lors même qu'il eût refusé expressément tout droit à une pension alimentaire, c'eût été là une convention contraire à l'ordre public et aux bonnes mœurs, dénaturant le mariage, c'eût été une convention entachée d'une nullité absolue.

Bien entendu, la solution reste la même lorsque, à l'exclusion du contrat de mariage, se joint celle résultant de la séparation de corps. Les motifs indiqués à propos de la séparation de corps ne permettent pas à une convention de modifier la solution.

Si maintenant le contrat ne prive pas le conjoint survivant de tout droit sur les biens du conjoint prédécédé, et qu'il n'y ait pas eu de séparation de corps, est-ce que le droit à une pension alimentaire ne doit pas être écarté comme faisant double emploi avec le droit de jouissance? Nullement, car il peut se faire que le droit de jouissance accordé soit insuffisant pour subvenir aux besoins du conjoint, et, par suite, l'existence de cet avantage ne peut placer le conjoint dans une situation plus défavorable que s'il n'en avait pas reçu ou en avait été privé par suite de séparation de corps.

Quid si le contrat de mariage ne prive pas le survivant de l'avantage légal et qu'il n'y ait pas séparation de corps ?

Cette pension alimentaire peut-elle être accordée, lorsque les héritiers du conjoint prédécédé sont tenus eux-mêmes de l'obligation alimentaire vis-à-vis du conjoint survivant ou lorsque d'autres personnes, par exemple, des enfants d'un 1ᵉʳ lit, sont tenues de cette obligation ?

Quid si les héritiers du défunt doivent des aliments au conjoint.

La Faculté répond encore affirmativement par le double motif :

1° que les héritiers ou autres débiteurs de l'obligation alimentaire peuvent ne pas être en position d'y subvenir, qu'ils peuvent d'ailleurs devenir insolvables ;

2° que l'obligation alimentaire s'éteint avec eux et ne passe pas à leurs héritiers, tandis que, avec le système proposé par la Faculté, le conjoint, pendant sa vie, sera assuré, quoi qu'il arrive, de recevoir la pension alimentaire qu'il pourra réclamer sur les biens de la succession de son conjoint prédécédé.

La Faculté ajoute que cette solution est conforme aux principes. L'obligation alimentaire du conjoint est la première de toutes, et prime même celle des descendants.

Il est donc naturel que, si elle persiste après la mort de l'époux débiteur, sa succession soit en 1ʳᵉ ligne tenue avant les autres débiteurs d'aliments.

La Faculté fait remarquer en terminant, que la Cour de Cassation, appliquant l'art. 301 à la séparation de corps, décide que la pension alimentaire à laquelle aura été condamné le conjoint passera passivement à ses héritiers. Or, on n'aperçoit pas pourquoi l'époux qui a obtenu sa séparation de corps serait mieux traité, s'il a fait condamner son conjoint à lui servir une pension alimentaire, que l'époux qui a trouvé dans l'union qu'il a contractée le bonheur et l'affection qu'il cherchait. On ne le comprendrait que si l'obligation alimentaire pouvait être considérée comme une peine, et personne ne peut songer à la soutenir. Cette peine d'ailleurs aurait ce résultat singulier de frapper uniquement les héritiers du coupable. L'innovation proposée par la Faculté fera disparaître l'anomalie qui vient d'être signalée.

Résumé.   Telles sont les solutions données par la Faculté aux questions de principe soulevées par l'examen du projet de loi de M. Delsol.

La Faculté estime donc qu'il y a lieu d'accorder un droit d'usufruit au conjoint survivant, non à titre successoral, non à titre de réserve, mais constituant un avantage tacite, un douaire régi, quant au fond par les règles des donations, une véritable institution contractuelle légale, que l'on peut supprimer dans le contrat de mariage par une clause expresse, qui n'existe pas lorsque le contrat contient une donation au profit du survivant, mais qui, en revanche, participe de l'irrévocabilité des donations par contrat de mariage, et ne peut être retirée depuis le mariage, tout en étant révoquée de plein droit par la séparation de corps prononcée *contre* le conjoint et par son convol à une nouvelle union.

A côté de ce droit, une pension alimentaire peut dans tous les cas être accordée par les Tribunaux au conjoint survivant dans l'indigence.

CHAPITRE II.

Quotité et éten-
due du droit ac-
cordé au conjoint
survivant.

QUOTITÉ ET ÉTENDUE DU DROIT ACCORDÉ AU CONJOINT SURVIVANT.

Il est évident que ce droit doit être moindre que la quotité disponible permise par la loi ; sans quoi ce serait présumer un maximum qui n'est pas toujours atteint. Il faut d'ailleurs laisser place à la volonté libérale.

Ce droit ne doit pas épuiser la quotité disponible entre époux.

En second lieu, la quotité doit-elle varier suivant la volonté présumée, et par suite suivant l'ordre des héritiers?

Cette thèse est soutenue par de bons esprits.

La quotité doit-elle varier suivant l'ordre des héritiers ?

La Faculté n'en a point pensé ainsi ; car on se trouve en présence de deux écueils pratiques : ou bien réduire par trop les droits du conjoint survivant, en présence d'enfants communs, de manière à ne lui donner qu'un droit illusoire et trop sensiblement inférieur à ce qui est d'usage ; ou bien d'augmenter par trop ses droits vis-à-vis d'autres parents, de manière à ne leur laisser qu'une simple nue propriété.

Sans doute la quotité disponible doit être plus restreinte vis-à-vis des enfants ; mais ici elle n'est pas atteinte et la question est tout autre. Du moment que l'avantage dans cette limite n'a pour but que de maintenir la position que le conjoint avait avant le décès de son conjoint, les enfants communs doivent le respecter plus que personne. Est-ce que l'on peut admettre un intérêt légitime de la part des enfants à voir leur mère ou leur père obligé de réduire son bien-être ? Evidemment non. Qu'on ne donne pas légalement au-delà de ce qui est nécessaire pour cela, soit ; mais qu'on le donne.

D'un autre côté ; quand il s'agit d'autres héritiers, est-ce que le conjoint peut demander raisonnablement plus qu'il ne lui faut pour maintenir sa position ?

La loi créant un avantage tacite ne doit pas aller trop loin. Elle doit garder la mesure de ce qui est convenable et s'y maintenir : à la volonté libérale du conjoint de la dépasser s'il le veut. Or ce qui est convenable, c'est que le décès d'un conjoint ne fasse pas déchoir le survivant et laisse subsister autant que possible son rang et son genre de vie.

Donc, au point de vue de l'avantage légal, il ne saurait y avoir de distinction à établir entre les diverses classes d'héritiers laissés par le conjoint prédécédé.

A cette règle cependant, il faut apporter une exception.

Il est une classe d'héritiers qui doit être plus particulièrement protégée : ce sont les enfants d'un premier lit de l'époux prédécédé.

Ils ne profiteront pas la plupart du temps de l'augmentation de ressources donnée au conjoint survivant, ressources dont profiteront au contraire les enfants du second lit. Il est juste, d'ailleurs, qu'ils ne souffrent pas trop d'un second mariage de leur père ou de leur mère.

Cependant la Faculté ne pense pas que la diminution faite dans ce cas de l'avantage légal du conjoint survivant doive profiter exclusivement aux enfants du premier lit, parce que ce serait créer une inégalité entre deux catégories d'enfants qui ont les mêmes droits sur la succession de leur auteur.

La Faculté pense donc qu'il y aurait lieu d'accorder à l'époux survivant les droits suivants :

Quotité à accorder. En présence d'héritiers ou successeurs autres que des enfants légitimes d'un premier lit, la 1/2 en usufruit.

En présence d'enfants du premier lit, le 1/4 en usufruit.

L'usufruit accordé au conjoint survivant n'entraîne dispense ni d'inventaire ni de caution. C'est alors, si cette dispense existait d'après la loi, qu'on porterait une atteinte sérieuse aux droits des héritiers.

La Faculté emploie à dessein les mots : enfants légitimes issus d'un premier lit. En effet, les enfants naturels ne peuvent être assimilés à des enfants issus d'une première union. Il suffit que ces enfants naturels soient mis sur la même ligne que les autres héritiers.

La Faculté emploie le mot : héritiers ou successeurs pour éviter toute controverse sur le point de savoir si, dans le mot héritiers employé seul, sont compris les successeurs irréguliers, enfants naturels, père et mère naturels, frères et sœurs naturels.

La Faculté n'a point pensé qu'il fallût se préoccuper du point de savoir si l'on comptera dans la succession du conjoint prédécédé, pour fixer le droit du survivant, les biens donnés par un ascendant donateur (art. 747, Code civil).

Elle n'a pas cru non plus qu'elle dût examiner le point de savoir si l'usufruit du conjoint survivant portera sur les biens donnés comme sur les autres biens de la succession.

Effectivement, ces deux questions sont identiquement les mêmes qu'en présence d'une institution contractuelle expresse contenue dans le contrat de mariage, et doivent être résolues par les mêmes principes.

La doctrine la plus juridique consiste à décider, d'une part, que les biens de la succession anomale doivent être compris dans la masse pour calculer la quantité disponible ; et, d'autre part, que l'ascendant, étant un héritier, doit supporter l'effet des legs ou institutions contractuelles à titre universel. Mais, nous le répétons,

9

ces solutions ne s'appliquent au droit d'usufruit, légalement créé au profit du conjoint survivant, que parce qu'elles s'appliquent à l'usufruit donné contractuellement ; et si une règle contraire était admise pour le legs ou l'institution contractuelle, cette règle contraire s'appliquerait forcément à l'usufruit créé par la loi au profit du conjoint survivant.

Pension alimentaire.

En ce qui concerne la pension alimentaire, la Faculté pense qu'elle ne peut être cumulée avec l'usufruit.

En effet, l'époux ne peut être dans le besoin que si l'usufruit est insuffisant et il n'a intérêt à demander une pension alimentaire que s'il a chance d'obtenir une pension plus forte que l'usufruit. Le conjoint devra donc opter entre la pension, d'une part, et, d'autre part, l'usufruit, ainsi que toute donation ou legs fait au profit du survivant par le conjoint prédécédé. C'est au survivant de voir s'il préfère un droit irrévocable, quoique moins étendu, à un droit alimentaire. Mais ce serait le favoriser au delà de ce qu'il est en droit d'exiger que de lui laisser l'avantage définitif, s'il ne s'en contente pas, et de compléter cet avantage par une pension alimentaire. Les tribunaux, comme pour toutes les pensions alimentaires, auront un pouvoir discrétionnaire pour apprécier le quantum de la pension, eu égard aux forces de la succession, aux besoins du conjoint survivant, en tenant compte aussi des besoins des héritiers du sang et de leur qualité. Effectivement, il peut s'agir d'héritiers pauvres aussi, et les tribunaux auront à concilier les devoirs que le défunt pouvait avoir envers eux et son conjoint.

Les tribunaux ne pourront augmenter la pension alimentaire une fois fixée, lors même que les besoins du conjoint survivant augmenteraient.

Les héritiers qui ne doivent pas, d'après nous, d'aliments *ultra vires hereditatis*, ne peuvent être exposés par suite d'augmentations imprévues, à payer cette pension de leurs deniers.

Ne pourrait-on pas décider cependant que les biens seuls de la succession qui existeraient encore dans la main des héritiers seraient grevés de l'augmentation, et alors l'inconvénient ne disparaîtrait-il pas ?

La Faculté ne l'a pas pensé ; car, d'une part, ce serait inviter les héritiers à vendre immédiatement tous les biens de la succession que l'on ne peut songer à rendre indisponibles dans leurs mains d'une façon indéfinie.

D'autre part, ce serait gêner singulièrement l'administration de leur fortune que de leur imposer cette perspective d'être toujours sous le coup d'une diminution de revenus, tant qu'ils garderaient en nature des biens de la succession.

Il faut donc conclure que les tribunaux ne pourront augmenter la pension une fois fixée.

Mais ils pourront la réduire comme toute autre pension alimentaire, si les besoins du conjoint survivant diminuaient.

Car le conjoint ne peut exiger d'aliments sans nécessité.

Si la solution contraire prévalait, il arriverait que sous prétexte de pension alimentaire, dans les successions peu importantes, le conjoint survivant dépouillerait les héritiers, pendant sa vie, de la jouissance de la succession, alors même qu'il n'aurait plus nul besoin de secours.

Nous avons dit que la pension ne pourra être prononcée contre les héritiers que dans la limite de l'actif héréditaire par eux recueilli ; car l'obligation alimentaire par sa nature n'est pas transmissible passivement aux héritiers ; c'est une dette exclusivement personnelle à raison des rapports de parenté, et, dans l'espèce, de l'union existant entre le créancier et le débiteur. Il serait d'ailleurs trop dur d'obliger les héritiers à fournir de leurs deniers des aliments à une personne de laquelle ils ne pourraient en réclamer. Cette pension sera donc exclusivement une charge des biens.

La Faculté a pensé qu'il fallait laisser les Tribunaux juges du point de savoir quelles garanties devaient être données pour assurer le service de la pension, s'il était préférable, par exemple de vendre certains biens de manière à satisfaire au service de la rente avec le produit de la vente, en achetant, par exemple, une rente sur l'État. Les Tribunaux pourront aussi affecter certains biens au service de la rente, conférer par exemple un usufruit en nature portant sur des biens dont le revenu est l'équivalent de la pension. Ce système satisfait l'intérêt de tous. Il peut se faire que l'héritier soit peu solvable. Ce sera le cas d'ordonner l'achat d'une rente sur l'État ou l'exercice d'un usufruit en nature.

Conclusion.   Tels sont les divers droits que la Faculté a cru juste d'accorder au conjoint survivant.

Le système qu'elle propose est simple, exempt de complications. Il sauvegarde à la fois : 1° les droits du conjoint prédécédé, libre de supprimer dans le contrat de mariage l'avantage légal, tout en ne pouvant rien sur la pension alimentaire ; 2° les droits du conjoint survivant ; 3° les droits des héritiers du conjoint prédécédé.

La Faculté a pensé qu'il était utile de résumer en un projet de loi les solutions par elle adoptées.

Ce projet trouve naturellement sa place à la suite de l'art. 1392 du **Code civil.**

PROJET DE LOI SUR LES DROITS DU CONJOINT SURVIVANT.

Article unique.

Il sera ajouté à la suite de l'art. 1392 du Code civil la disposition suivante :

A défaut de donation faite par les futurs époux au survivant dans le contrat de mariage, et sous quelque régime qu'ils soient mariés, le conjoint survivant aura sur les biens de son conjoint prédécédé un droit d'usufruit réglé comme suit :

Si le conjoint laisse des héritiers ou successeurs autres que des enfants légitimes d'un premier lit : la moitié en usufruit.

S'il laisse des enfants légitimes d'un premier lit : le quart en usufruit.

Cet avantage sera réputé, quant au fond, sujet aux règles relatives aux donations.

Les époux pourront, par le contrat de mariage, déclarer expressément qu'ils entendent supprimer ou réduire l'avantage conféré par la loi au survivant.

Cet usufruit cessera en cas de convol et n'aura pas lieu au profit du conjoint survivant, en cas de séparation de corps prononcée contre lui.

Dans tous les cas, le conjoint survivant, s'il est dans le besoin au moment de l'ouverture de la succession du prédécédé, pourra demander une pension alimentaire sur les biens de la succession, laquelle, une fois fixée, ne pourra être augmentée, mais pourra

être diminuée par le Tribunal; elle ne pourra être cumulée avec l'usufruit ou avec les donations ou legs faits au profit du survivant par le conjoint prédécédé.

Le Tribunal pourra ordonner telle affectation, tel emploi ou telles mesures de garantie qu'il jugera convenable pour assurer le service de la pension alimentaire.

Caen, le 25 février 1875.

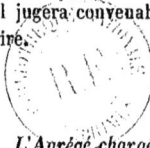

.*L'Agrégé chargé du rapport*,

L. JOUEN.

Caen, typ. F. Le Blanc-Bardel.

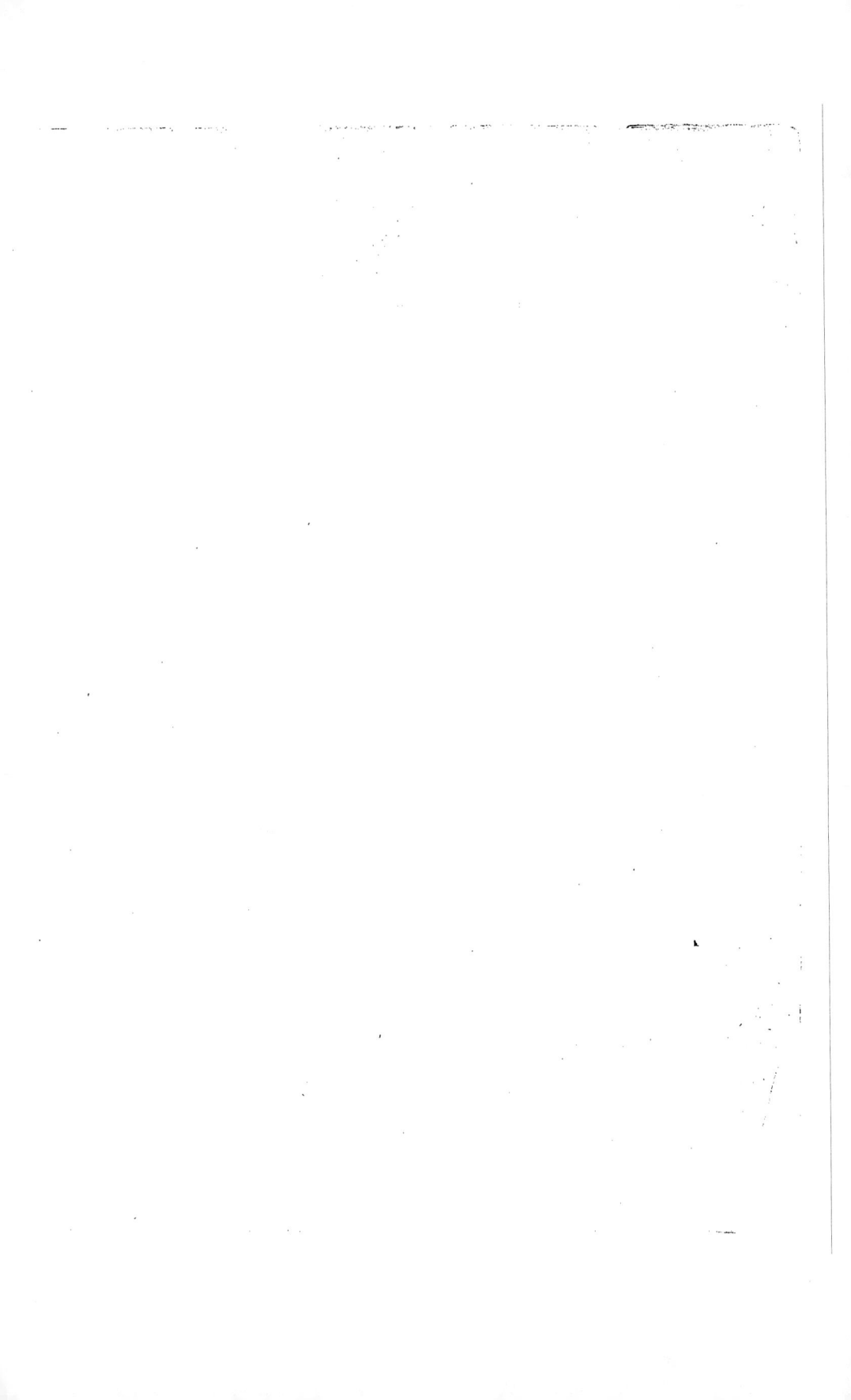

www.ingramcontent.com/pod-product-compliance
Lightning Source LLC
Chambersburg PA
CBHW070857210326
41521CB00010B/1981